BEI GRIN MACHT SICH
WISSEN BEZAHLT

- Wir veröffentlichen Ihre Hausarbeit,
  Bachelor- und Masterarbeit

- Ihr eigenes eBook und Buch -
  weltweit in allen wichtigen Shops

- Verdienen Sie an jedem Verkauf

Jetzt bei www.GRIN.com hochladen
und kostenlos publizieren

Bibliografische Information der Deutschen Nationalbibliothek:

Die Deutsche Bibliothek verzeichnet diese Publikation in der Deutschen National-
bibliografie; detaillierte bibliografische Daten sind im Internet über http://dnb.d-
nb.de/ abrufbar.

Coverbild: NicoElNino @Shutterstock.com

Impressum:

Copyright © 2017 GRIN Verlag
Druck und Bindung: Books on Demand GmbH, Norderstedt Germany
ISBN: 9783668699243

Dieses Buch bei GRIN:

https://www.grin.com/document/424298

Patrick Bründl

Logistik 4.0. Auswirkungen der industriellen Vernetzung auf produktionsnahe Logistikprozesse

GRIN Verlag

Logistik 4.0 – Auswirkungen der industriellen Vernetzung auf produktionsnahe Logistikprozesse

Freie wissenschaftliche Arbeit

an der Rechts- und Wirtschaftswissenschaftlichen Fakultät

der Friedrich-Alexander-Universität Erlangen-Nürnberg

INHALTSVERZEICHNIS

ABKÜRZUNGSVERZEICHNIS

Abb.	Abbildung
AR	Augmented Reality
BITKOM	Bundesverband Informationswirtschaft, Telekommunikation und neue Medien e. V.
BIP	Bruttoinlandsprodukt
CPS	Cyber-Physical System
CPPS	Cyber-Physical Production System / cyber-physisches Produktionssystem
EPC	Electronic Product Code
ERP	Enterprise Resource Planning
HMD	Head-mounted Display
Hrsg.	Herausgeber
IoT	Internet of Things / Internet der Dinge
IuK	Informations- und Kommunikations
JIT	Just-in-Time
M2M	Machine to Machine
RFID	Radio Frequency Identification
RQ	Forschungsfrage
s.	siehe
SCM	Supply Chain Management
VDMA	Verband Deutscher Maschinen- und Anlagenbau e.V.
VR	Virtual Reality
WMS	Warehouse Management System
ZVEI	Zentralverband Elektrotechnik- und Elektronikindustrie e. V.

ABBILDUNGSVERZEICHNIS

TABELLENVERZEICHNIS

1 Einleitung

1.1 Problemstellung

Die produzierende Industrie in Deutschland ist mit einem Anteil von 25,7 % des Bruttoinlandsproduktes im Jahr 2016 einer der wichtigsten Wirtschaftsbereiche und auch einer der hauptsächlichen Gründe für das Wiedererstarken der Volkswirtschaft nach der Banken- und Finanzkrise (Ramsauer, 2013, S. 7; Statistisches Bundesamt, 2017). Deutschland als eine der führenden Industrienationen weltweit befindet sich jedoch, wie jede andere Nation auch, im wirtschaftlichen Wettbewerb. Durch die Tendenz von Unternehmen zur Auslagerung der Produktion in Niedriglohnländer ist der globale Wettbewerb, insbesondere in der produzierenden Industrie, stetig angewachsen (Ramsauer, 2013, S. 6). Dieser Wettstreit findet nicht nur auf der Ebene der Produktionsstandorte statt, sondern überträgt sich auch auf den Kampf um Absatzmärkte und neue Kunden. Megatrends wie Globalisierung und Digitalisierung haben Einzug in nahezu alle Wirtschaftsbereiche gehalten und die weltweite Arbeitsteilung möglich gemacht. Die Digitalisierung eröffnet zudem auch eine weitere Zukunftsperspektive, die Industrie 4.0. Durch diese soll es Unternehmen in Zukunft möglich sein ihr Wertschöpfungssystem als Ganzes und nicht mehr nur einzelne Wertschöpfungsaktivitäten zu optimieren (Göpfert, 2016, S. 53). Einhergehend mit neuen Technologien erhöht sich auch der Druck auf Unternehmen, da die Zeitfenster für die Entwicklung und auch für die Herstellung neuer Produkte durch die zunehmend individualisierten Präferenzen im Konsumverhalten der Endkunden stetig kürzer werden (Reinhart et al., 2013, S. 84; ten Hompel & Kerner, 2015, S. 176). Die dadurch entstehende Dynamik im Umfeld von Unternehmen stellt diese vor neue Herausforderungen und macht es zwingend notwendig, dass insbesondere stark informations- und kommunikationsabhängige Unternehmensbereiche flexibler und schneller reagieren können. Ein eben solcher Bereich, indem verlässliche Informations- und Kommunikationssysteme (IuK-Systeme) eine entscheidende Rolle spielen, ist die Logistik (Arnold et al., 2008, S. 3). Angelehnt an den Begriff der Industrie 4.0 wird im Zusammenhang mit dem Einzug neuester IuK-Systeme auch von der Logistik 4.0 gesprochen. Mit Blick auf das sich ändernde Konsumentenverhalten, sowie die bereits genannten Megatrends Globalisierung und Digitalisierung, sehen ten Hompel und Rehof et al. (2014, S. 4) sogar den Bedarf die „Informationslogistik" als eigenständige neue Disziplin zu gründen und somit aus der traditionell reaktiv agierenden Logistik einen vorausschauend handelnden Teil der Wertschöpfungskette zu entwickeln. Dabei ist zu beachten, dass die Verwendung von IuK-Technologie in der Logistik keinesfalls ausschließlich vor dem Kontext der Industrie 4.0 zu sehen ist, sondern vielmehr bereits heute fester Bestandteil von

Logistiksystemen ist. Technologische Weiterentwicklungen, wie etwa die Möglichkeit eine Bestellung elektronisch zu versenden, stellen genauso einen Meilenstein in der Entwicklung der
Logistik und des Supply Chain Managements (SCM) dar, wie etwa die Einführung von Enter-
prise-Resource-Planning (ERP) Systemen für die Planung von Logistikabläufen (Heiserich et
al., 2011, S. 369). Die Verwendung eben dieser ERP-Systeme zur Überwachung des Materialflusses hat es auch möglich gemacht, die im Rahmen des Toyota Produktionssystems be-
kannt gewordenen Modelle Just-in-Time und Kanban in der produzierenden Industrie umzu-
setzen. So ist es heute gängige Praxis, dass insbesondere C-Teile in großen Mengen in sogenannten Konsignationslagern liegen und die Entnahmen durch freigegebene Bereiche des
firmeneigenen ERP Systems an den Lieferanten übermittelt werden, welcher daraufhin eigenständig agieren kann (Heiserich et al., 2011, S. 180-182). Reinhart et al. (2013, S. 84) betonen,
dass insbesondere durch die steigende Bedeutung logistischer Ziele, wie etwa der Termin-
treue und der höheren Flexibilität in nahezu allen Prozessen, die innerbetriebliche Logistik ein
wichtiger Aspekt zum Bestehen in einem globalen Wettbewerb ist. Im Umkehrschluss prophe-
zeien ten Hompel und Rehof et al. (2014, S. 9) Unternehmen, die in Zukunft nicht auf die Verzahnung von IuK-Technologien mit Logistikprozessen setzen, dass sie mittelfristig nicht mehr
wettbewerbsfähig sein werden. Dies macht deutlich, dass auch der weniger erforschte Bereich, die produktionsnahe Logistik, großes Potential zur Anwendung von im Zuge der Industrie und Logistik 4.0 entstehenden Methoden und Technologien hat. So spricht die Bundesvereinigung Logistik in ihrem Positionspapier aus dem Jahr 2014 sogar davon, dass das Beherrschen der ganzheitlichen Planung der Logistik, also auch der unternehmensinternen Informa-
tions- und Güterströme, mit über die Zukunftsfähigkeit des Wirtschaftsstandortes Deutsch-
lands entscheidet und gleichzeitig ein wichtiger Innovationstreiber für die Zukunft sein wird (ten
Hompel, Rehof et al., 2014, S. 6).

1.2   Zielsetzung und Gang der Untersuchung

Da jedoch die im Rahmen der Industrie 4.0 entwickelten Konzepte in einem Großteil der In-
dustriebetriebe weltweit noch keine beziehungsweise geringe praktische Anwendung finden
und sich auch die Forschung, insbesondere im Bereich der Anwendung industrieller Vernetzung auf logistische Prozesse, in einem noch frühen Stadium befindet, setzt sich diese Arbeit
das Ziel den aktuellen Stand der Forschung im Bereich der Logistik 4.0 systematisch abzubil-
den, bestehende Ansätze zu verknüpfen sowie Forschungslücken aufzuzeigen. Hierbei wird
sich ausschließlich auf produktionsnahe Logistikprozesse von Industriebetrieben beschränkt
und nicht auf weitere Themengebiete wie beispielsweise die Automatisierung von interkonti-
nentalen Gütertransporten eingegangen. Diese Limitation auf produktionsnahe Logistikprozesse ergibt sich aus dem Umfang dieser Arbeit und soll eine Fokussierung auf direkt mit den

Fragestellungen dieser Arbeit verbundenen Themen ermöglichen. Die daraus resultierenden Forschungsfragen (RQ), die im Zuge dieser Arbeit erörtert werden lauten:

RQ1: Welche Themenbereiche werden in der Literatur zu Logistik 4.0 behandelt?

RQ2: Wie hat sich die Anzahl der Literaturveröffentlichungen zum Thema Logistik 4.0 im Zeitverlauf geändert?

RQ3: Lässt sich ein geographisches Profil der Autoren feststellen?

Im nächsten Kapitel werden hierzu die theoretischen Grundlagen und Definitionen, die im Zusammenhang mit den Themengebieten Industrie 4.0 und Logistik stehen, erläutert. Hierbei werden insbesondere auch die technischen Grundlagen für den Wandel zur Logistik 4.0 kurz erklärt, um somit eine Basis für die späteren Auswertungsergebnisse zu schaffen. In Kapitel 3 wird die verwendete Methodik dieser Arbeit vorgestellt, wobei neben der Erläuterung des Suchvorgangs der Schwerpunkt in der Beschreibung der limitierenden Faktoren und der Methodik der Literaturauswertung liegt. Im Anschluss daran werden die Ergebnisse der systematischen Literaturanalyse präsentiert und die gestellten Forschungsfragen diskutiert. Abschließend folgt ein Fazit, welches neben einer kurzen Zusammenfassung der Arbeit auch deren Limitationen sowie den weiteren Forschungsbedarf im Themengebiet Logistik 4.0 aufzeigt.

2 Theoretische Grundlagen

2.1 Logistik

Der Begriff der Logistik ist in Deutschland erst seit etwa 1970 im Gebrauch, als Geschäftsbereich bei wirtschaftlich orientierten Unternehmen hat sie jedoch schnell an Bedeutung gewonnen. Zentraler Gegenstand dabei sind vor allem Transport- und Lagerungsprozesse, sowie das zugehörige Be- und Entladen, Ein- und Auslagern und das Kommissionieren (Arnold et al., 2008, S. 3). Ihre Ziele lassen sich in leistungsbezogene Zielgrößen (Logistikleistung) und kostenbezogene Zielgrößen (Logistikkosten) unterteilen. Unter dem Begriff Logistikleistung lassen sich Themen zusammenfassen wie Lieferservice, Lieferbereitschaft oder auch Lieferflexibilität. Logistikkosten setzen sich vor allem aus Transport-, Bestands- und Systemkosten zusammen (Heiserich et al., 2011, S. 19-20). Die Logistik lässt sich also als wichtige Schnittstellenfunktion sehen, die gewährleisten muss, dass das geforderte Gut zur richtigen Zeit, an der richtigen Stelle, in der richtigen Menge, für den richtigen Kunden, in der gewünschten Qualität vorliegt (Lieberoth-Leden et al., 2017, S. 451). Um dies erfüllen zu können, muss die Logistik eines Unternehmens bestimmte Merkmale aufweisen. Nach Arnold et al. (2008, S. 3) lassen sich drei charakteristische Merkmale der Logistik herausarbeiten: Das erste Merkmal ist die Rolle von Informationen für die Logistik. Diese können zum einen als logistische Objekte auftreten, vor allem sind sie jedoch die Voraussetzung zur Steuerung jeglicher Prozesse. So benötigt jedes Logistiksystem „ein Informations- und Kommunikationssystem (…), das der Tatsache Rechnung trägt, dass sich die zu steuernden Objekte bewegen und räumlich weit entfernt von der steuernden Stelle sein können" (Arnold et al., 2008, S. 3). Das zweite Merkmal ist die ganzheitliche Sicht aller Prozesse, also das Erkennen der Zusammenhänge einzelner Aktivitäten als Netzwerk voneinander abhängiger Handlungen und das dritte Merkmal, das genannt wird, ist die Gestaltung und Steuerung interdisziplinärer Aufgaben. Um all diese Merkmale auch erkennen zu können ist es wichtig, die Logistik nicht nur auf operativer Ebene zu betrachten. Auf dieser steht die Gestaltung des optimalen Materialflusses und dementsprechend die bereits angesprochenen, einzelnen Logistikprozesse im Vordergrund. Die ganzheitliche Sicht, wie sie als zweites Merkmal gefordert wird, ist jedoch nur möglich, wenn die Unternehmenslogistik auch auf dispositiver Ebene Betrachtung findet. Auf dieser wird die Planung, Steuerung und Überwachung von Distribution, Beschaffung und Produktion durchgeführt. Die Logistik hat jedoch im Rahmen ihres eingangs erwähnten Bedeutungsgewinnes auch Einzug in die strategische Ebene gehalten, sodass Themen wie die Standortplanung oder das Logistikcontrolling auch Teil der strategischen Überlegungen eines Unternehmens sind. Neben der Unterscheidung nach Gestaltungsebenen kann man auch noch zwischen der

innerbetrieblichen Logistik, beziehungsweise der Intralogistik und der unternehmensübergreifenden Logistik unterscheiden. Wie Arnold et al. (2008, S. 18) betonen, haben IuK-Systeme
eine sehr große Bedeutung für die innerbetriebliche Logistik, da deren Hauptaufgaben in der
Sicherung der Materialflüsse und der Materialbereitstellung liegen. Dementsprechend interes-
sant ist das Gebiet der Intralogistik auch für die Anwendung von neuen technologischen Möglichkeiten. Den Kernaspekt der unternehmensübergreifenden Logistik stellt das Management
der gesamten Supply Chain dar. Die wichtigsten Aufgaben bestehen daher in der Abstimmung
mit den vor- und nachgelagerten Partnern der Wertschöpfungskette, also das Management
der Kunden und Lieferanten. Das Ziel dabei ist es, Fehlmengen, Überbestände oder auch ein
Aufschaukeln der Nachfrage aufgrund von Informationsdefiziten (Bullwhip-Effekt) zu vermei-
den (Arnold et al., 2008, S. 27-30). Auch hierbei spielt der Einsatz von IuK-Technologien eine
wichtige Rolle.

2.2   Logistik 4.0

Die Logistik 4.0 ist folglich als Anwendung der Prinzipien und Technologien, die im Kontext mit
Industrie 4.0 stehen, auf die Erbringung der Logistikleistung zu sehen. Zentrales Ziel dabei ist
es, Kennzahlen wie Lieferzuverlässigkeit, -qualität und -fähigkeit zu verbessern und gleichzei-
tig auch die interne Leistungserstellung zu optimieren (Lieberoth-Leden et al., 2017, S. 451).
Dabei stehen vor allem, wie bei der Industrie 4.0 auch, die Themen Flexibilität, Robustheit
gegenüber Störungen und Effizienz im Mittelpunkt der Forschung (Ramsauer, 2013, S. 8-9).
Aufgrund der starken Abhängigkeit von IuK-Technologien und Informationen gilt das Supply
Chain Management und insbesondere die Logistik als einer der Bereiche, der das höchste
Potenzial für die Anwendung der in den Kapiteln 2.3 bis 2.6 beschriebenen Prinzipien und
Technologien hat (ten Hompel & Henke, 2014, S. 616). Dabei ist es wie bei der bisherigen
Betrachtung der Logistik wichtig, sich nicht nur auf die operative Sicht zu beschränken. So
sieht Wehberg (2016, S. 321) die Logistik 4.0 als Managementansatz zur Entwicklung, Planung und Durchführung von Objektflüssen, welcher auf neuen Innovationen, Technologien
und dezentraler Selbstorganisation beruht. Genauere Einblicke und Beispiele in wie weit und
in welchen Bereichen sich die Logistik 4.0 von der unter dem Punkt 2.1 beschriebenen, herkömmlichen Logistik abgrenzt, behandeln Kapitel 4 und 5 dieser Arbeit.

2.3   Industrie 4.0

Der Begriff Industrie 4.0 bezeichnet ein Konzept industrieller Wertschöpfung und wird oftmals als vierte industrielle Revolution gesehen. Da die technischen Grundlagen, die zur Umsetzung benötigt werden, wie etwa Sensoren, Software oder Netzwerke, bereits seit einiger Zeit existieren, die praktische Umsetzung in der Industrie sich jedoch erst entwickelt, ist die Industrie 4.0 mehr als Evolution und weniger als Revolution anzusehen (Sendler, 2013, S. 7). Bauer et al. (2014, S. 20) definieren den Begriff Industrie 4.0, in Anlehnung an die Arbeitsdefinition der Plattform Industrie 4.0, welche als Kooperation durch die Branchenverbände BITKOM (Bundesverband Informationswirtschaft, Telekommunikation und neue Medien e.V.), VDMA (Verband Deutscher Maschinen- und Anlagenbau e.V.) und ZVEI (Zentralverband Elektrotechnik- und Elektronikindustrie e.V.) gegründet wurde, als die „echtzeitfähige, intelligente, horizontale und vertikale Vernetzung von Menschen, Maschinen, Objekten und IKT-Systemen zum dynamischen Management von komplexen Systemen". Für die technische Realisierung dieser Vernetzungen sind eine Reihe neuer Technologien notwendig. Der Kernaspekt all dieser Technologien ist der Einsatz vernetzter Cyber-Physischer Systeme (CPS) (Spath, 2013, S. 22). Diese CPS beruhen auf Objekten, die wie beispielsweise Behälter, Materialien oder ganze Produktionsanlagen bisher hauptsächlich passive Aufgaben hatten und nun durch die Ausstattung mit Sensoren, Mikrocontrollern und Kommunikationssystemen zu sogenannten „Embedded Systems" werden. Durch die Sensoren ist es nun möglich, Daten zu sammeln, welche durch den eingebauten Mikrocontroller auch gleich verarbeitet werden (Bauer et al., 2014, S. 21). Diese Möglichkeit der gleichzeitigen Informationsaufnahme und -verarbeitung zeichnet die Objekte als Smart Objects aus, die intelligent und autonom agieren können und sich durch die Verwendung der Kommunikationssysteme auch untereinander organisieren können (Hirsch-Kreinsen, 2014, S. 6; Spath, 2013, S. 22). Die bei der Vernetzung entstehenden Systeme werden als CPS bezeichnet. Diese Systeme können sich dann untereinander temporär für Aufgaben zusammenschließen und auch wieder trennen (Bauer et al., 2014, S. 21). Hierfür müssen sie durch ein gemeinsames Netzwerk, welches entweder funk- oder kabelbasiert vorliegt, miteinander verbunden werden. Durch das Internet der Dinge (IoT) wird diese Vernetzung der einzelnen Objekte und die Kommunikation von Maschine zu Maschine (M2M-Kommunikation) möglich gemacht (Sendler, 2013, S. 11). Das IoT ist definiert als „ein informationstechnisch vernetztes System autonom interagierender Gegenstände und Prozesse, die sich durch eine zunehmende Selbstorganisation charakterisieren und zu einer wachsenden Verschmelzung physischer Dinge mit der digitalen Welt des Internets führen" (Brand et al., 2009, S. 107). Dieser Informationsaustausch durch das IoT ist die Grundlage dafür, ein noch höheres Automatisierungsniveau zu erreichen, da die CPS durch ihre enthaltenen Sensoren und die implementierte Software eigenständig auf externe Einflüsse reagieren können (Broy, 2010, S. 28;

Hirsch-Kreinsen, 2014, S. 6; Reinhart et al., 2013, S. 86). Eine Fabrik, deren Produktionssystem auf dem Einsatz von CPS beruht, also ein cyber-physisches Produktionssystem (CPPS) aufweist, lässt sich als Smart Factory bezeichnen. Im Mittelpunkt steht dabei, dass die intelligenten, sozialen Maschinen und andere Smart Objects untereinander Informationen austauschen. Diese Informationen können beispielsweise Aufträge, Zustände, Abläufe oder auch Termine sein, die ausgetauscht werden um somit eine Verbesserung der Auslastung, Qualität oder auch eine Reduzierung von Wartezeiten zu erreichen (Bauer et al., 2014). Mögliche Anwendungsgebiete in der industriellen Produktion, die hierdurch neu erschlossen beziehungsweise auf einem deutlich höheren Niveau der wirtschaftlichen Rentabilität durchgeführt werden können, sind vor allen in Bereichen die eine hohe Flexibilität erfordern zu finden. Durch die Industrie 4.0 und ihre vernetzten Produktionssysteme soll eine zunehmende Individualisierung der Produkte und damit eine Flexibilisierung der Produktion bis hin zur Losgröße Eins wirtschaftlich durchführbar sein. Diese neu gewonnene Variabilität im Produktionsvorgang ermöglicht gleichzeitig auch eine stärkere Einbeziehung des Kunden in den laufenden Wertschöpfungsprozess (Bousonville, 2017b, S. 13). Aufgrund der bereits in Kapitel 1 angesprochenen in Zukunft deutlich steigenden Dynamik im Umfeld von Unternehmen, gelten die im Zusammenhang mit der Industrie 4.0 stehenden Technologien zukünftig als Schlüssel für die Generierung von Wettbewerbsvorteilen. Eine im Auftrag des BITKOM durchgeführte Studie des Fraunhofer-Institutes für Arbeitswirtschaft und Organisation schätzt das Wertschöpfungspotenzial für Deutschland bis zum Jahr 2025 auf 78 Milliarden Euro, das direkt im Zusammenhang mit der Industrie 4.0 steht (Bauer et al., 2014, S. 6-7).

2.4 Radio-Frequency Identification

Eine Technologie die im Rahmen der Industrie 4.0 eingesetzt wird ist Radio-Frequency Identification (RFID). Mit dieser Funktechnologie ist es möglich, Objekte oder auch Personen ohne eine Sichtverbindung zu identifizieren. Neben dem bloßen identifizieren ist es durch RFID-Tags, beziehungsweise Transpondern, auch möglich produkt- oder produktionsspezifische Informationen zu speichern (Lieberoth-Leden et al., 2017, S. 497). Hierfür verfügen die Transponder über eingebaute Mikrochips, die einen Electronic Product Code (EPC) enthalten. Dieser ermöglicht eine eindeutige Zuordnung, da der EPC nicht nur für jedes Produkt, sondern auch für jedes einzelne Objekt individuell festgelegt werden kann. Der zentrale Vorteil im Vergleich zur Verwendung eines Barcodes zur Identifikation ist, dass der RFID Transponder seine Daten durch eine eingebaute Antenne kontinuierlich senden kann und daher kein aktiv durchgeführter Vorgang wie beim Lesen eines Barcodes notwendig ist (Twist, 2005, S. 226). Um die Datenübertragung trotz der zu überbrückenden Funkstrecke und Hindernissen zu ermöglichen und gleichzeitig auf einem rentablen Kostenniveau zu arbeiten, werden in der Logistik vor allem passive Transponder und Signale im Ultra High Frequency Bereich verwendet. Diese werden dann von einem Reader in elektromagnetische Wellen übersetzt, welche dem Mikrochip im RFID Tag als Energiequelle dienen. Dieser wird dadurch aktiviert und sendet ein Signal zurück, welches mit entsprechender Software ausgewertet werden kann (Lieberoth-Leden et al., 2017, S. 498).

2.5   Cloud Computing

Um die im Rahmen von Industrie 4.0 anfallenden Datenmengen auch verarbeiten zu können, werden leistungsstarke Informationssysteme benötigt. Eine Technologie die in vielen Modellen der Industrie 4.0 und somit auch der Logistik 4.0 verwendet wird, ist das Cloud Computing. Dabei erfolgt die Bereitstellung von IT-Infrastruktur, von Plattformen oder auch von Anwendungen als im Web elektronisch verfügbare Dienste (Baun et al., 2011, S. 3). Ein signifikanter Vorteil in der Datenspeicherung und -verarbeitung in der Cloud liegt darin, dass eine deutlich größere Datenmenge als bei herkömmlichen Serverlösungen verarbeitet werden kann und gleichzeitig alle intelligenten Objekte über Kommunikationsnetze mit der Cloud verbunden werden können. Somit ist es möglich Methoden aus dem Bereich der Big Data im Betrieb anzuwenden. Durch diese umfassende Vernetzung der Objekte mit der Cloud und neuesten Internetprotokollen kann ein Echtzeit-Abbild der Smart Factory erstellt werden, auf dessen Grundlage Planungen und Prozesssteuerungen beruhen (Bauer et al., 2014, S. 21).

2.6   Multiagentensysteme

Für ihr autonomes Handeln benötigen die CPS eine Entscheidungsgrundlage. Diese Grundlage kann in Form eines Multiagentensystems vorliegen. Dabei werden die Objekte durch Softwareagenten dargestellt, welche das Ausführen von Aufgaben untereinander verhandeln (Trautmann, 2007, S. 281-284). Solche Agenten lassen sich nach Prestifilippo (2017, S. 225) als „Systeme beschreiben, die im Rahmen bestimmter Entwicklungsziele selbstständig kritische Entscheidungen treffen können". Darauf aufbauend ist ein Multiagentensystem, also ein System aus mehreren gleichartigen oder unterschiedlichen Agenten die miteinander interagieren. Dabei kann es sein, dass sie kooperativ eine Aufgabe gemeinsam erledigen oder auch, dass die einzelnen Agenten konfliktäre Ziele verfolgen. Insbesondere bei gegenläufigen Zielen ist eine für den Gesamtprozess der Fertigung günstige Verteilung der Aufgaben wichtig. Ein weiterer Vorteil der Verwendung eines Multiagentensystems ist die Skalierbarkeit. So kann ein Objekt mit verhältnismäßig geringem Aufwand in ein funktionierendes System mit eingegliedert oder auch wieder entfernt werden, ohne sich negativ auf den Gesamtprozess auszuwirken (Trautmann, 2007, S. 281-284).

3 Methodik

Zur Untersuchung der Forschungsfragen wird auf eine systematische Literaturanalyse zurückgegriffen. Durch diese sollen zum einen bereits bestehende Ansätze systematisch miteinander
vereint werden und zum anderen noch existierende Forschungslücken oder sich widerspre-
chende Ansätze aufgezeigt werden. Insbesondere dieser Punkt verdient besondere Beach-
tung, da es sich bei der Thematik Logistik 4.0 um ein vergleichsweise neues Forschungsgebiet
handelt (ten Hompel & Kerner, 2015, S. 177). Die verwendete Methodik folgt den von
Rashman et al. (2009, S. 466) benutzten Regeln um Voreingenommenheit auszuschließen
und Transparenz, Vollständigkeit und Reproduzierbarkeit einer systematischen Literaturanalyse gewährleisten zu können, weshalb die Auswahl der Literatur durch Faktoren beschränkt
wird (Fink, 2014, S. 50-51). Des Weiteren orientiert sich die Methodik dieser Arbeit am sechs
Schritte Prozess wie er auch in Hohenstein et al. (2014), Kiel (2017), Rashman et al. (2009),
Soni und Kodali (2011) und Winter und Knemeyer (2013) verwendet wird.

3.1 Auswahl des betrachteten Zeitraumes

Für die Literaturauswahl wurde im ersten Schritt festgelegt, dass nur Literatur die zwischen
2005 und 2017 veröffentlicht wurde, in Betracht gezogen wird. Auch wenn der Begriff der Industrie 4.0, welcher den begrifflichen Ursprung für die Logistik 4.0 darstellt, im Jahr 2011 im
Rahmen der Hannover Messe öffentlich eingeführt wurde, wurde der zeitliche Horizont bis in
das Jahr 2005 erweitert (Kiel et al., 2016, S. 679). Dies soll den Mehrwert liefern, dass auch
Ansätze und Innovationen, die sich mit einer intelligenten Steuerung der Logistik auseinandersetzen, miteinbezogen werden, auch wenn diese nicht unter dem Begriff Logistik 4.0 veröffentlicht wurden. Die obere Begrenzung in das Jahr 2017 wurde gewählt, da somit eine größt-
mögliche Aktualität gewährleistet werden kann, was im Hinblick auf die in Kapitel 1.2 formu-
lierten Forschungsfragen notwendig ist.

3.2 Auswahl der Datenbanken

Als relevante Datenbanken wurden Business Source Complete (EBSCO) und ABI/Inform festgelegt. Zusätzlich zu den in diesen Datenbanken enthaltenen Treffern wurde eine ergänzende
Suche über Google Scholar und den OPAC Katalog der Universitätsbibliothek Erlangen-Nürnberg durchgeführt. Um garantieren zu können, wirklich alle relevanten Bereiche die Änderungen durch die Logistik 4.0 unterliegen werden auch zu adressieren, wurde im weiteren Verlauf
das Schneeballverfahren angewendet, bei welchem die Literaturverzeichnisse relevanter Lite-

ratur nach weiteren Treffern durchsucht werden. Dieses Verfahren wurde bereits in Literatur-
analysen wie etwa David und Han (2004), Kiel et al. (2016), Soni und Kodali (2011) und Winter
und Knemeyer (2013) verwendet. Fink (2014, S. 28) empfiehlt sogar das Verwenden der Bib-
liographien für die Suche nach weiterer Literatur um auch alle Themenbereiche abdecken zu
können, insbesondere, wenn wie in dieser Arbeit nur zwei Datenbanken durchsucht werden:
„after many, many hours of searching, you may fail to uncover all there is to know about a
topic. This can easily happen if you rely on just one or two databases."

3.3   Auswahl der Publikationsarten

Grundsätzlich geht man von der Annahme aus, dass Artikel die in viel zitierten und hoch gerankten Fachzeitschriften veröffentlich werden, qualitativ hochwertiger sind und somit auch die
Qualität der systematischen Literaturanalyse steigt, wenn man sich ausschließlich auf diese
fokussiert (Kiel et al., 2016, S. 679). Dieses Qualitätsverständnis beruht vor allem auf dem
strengen Review und einer dementsprechend großen Selektion, denen die Artikel vor der Ver-
öffentlichung in einer dieser Fachzeitschriften unterliegen. Wie jedoch bereits zu Anfang in
Kapitel 3 formuliert, handelt es sich bei Logistik 4.0, Industrie 4.0 sowie den in Kapitel 2 beschriebenen Technologien um vergleichsweise neue Forschungsgebiete. Deshalb wurde be-
schlossen, die Auswahl der Publikationen nicht anhand eines geforderten Rankings zu limitieren, sondern sogar Tagungsbänder und Buchkapitel miteinzubeziehen. Dieses Verfahren ist
mit Cooper (1989) vereinbar, welcher betont hat, dass das ausschließliche Limitieren auf Zeitschriftenartikel angebracht ist, wenn bereits eine hohe Anzahl an Beiträgen veröffentlicht
wurde. Daher wäre eine solche Beschränkung der Arbeit hinderlich, da relevante Forschungsgebiete nicht behandelt werden könnten und auch hinsichtlich der Aktualität Abstriche vorgenommen werden müssten, aufgrund des zeitaufwendigen Review- und Verbesserungsprozes-
ses dieser Zeitschriftenartikel.

3.4   Auswahl der Artikel

Um ein möglichst genaues und vollständiges Abbild von der sich mit Logistik 4.0 beschäftigen-
den Literatur als Grundlage für diese Arbeit zu bekommen, wurde der Suchstring der in dieser
Arbeit verwendet wurde nicht nur auf Basis von bereits analysierter Literatur, sondern mit Hilfe
von zwei Mitarbeitern des Lehrstuhls für Industrielles Management der Friedrich-Alexander-
Universität entwickelt. Der dabei entstandene Code, der für die Abfragen in EBSCO und
ABI/Inform verwendet wurde, lautet:

((industry 4.0 OR industrial internet OR advanced manufacturing OR smart manufacturing OR integrated industry OR fourth industrial revolution OR smart factory) AND (logistic* OR supply chain OR transport OR value chain)) OR ("Logisti* 4.0")

Dabei ist zu beachten, dass der Code jeweils auf den Titel und auch auf den Abstract bezogen wurde. Die "OR" Verknüpfung erhöht die Anzahl der Treffer, da die Abfrage somit unabhängig voneinander in Titel und Abstract durchgeführt wird. Die verwendeten Boolean Verknüpfungen sind weit genug gewählt um ausschließlich nicht relevante Literatur auszusortieren (Fink, 2014, S. 25). Der Suchstring wurde in englischer Sprache verfasst, da die dominierende Publikationssprache in der Wissenschaft und auch in diesem Themengebiet Englisch ist. Da der Begriff der Industrie 4.0 aus dem deutschen Sprachgebrauch stammt und von der deutschen Bundesregierung im Rahmen des Aktionsplans zur Hightech-Strategie 2020 eingeführt wurde, wurde der Code auch in die deutsche Sprache übersetzt und die Abfrage ein weiteres Mal durchgeführt (Ramsauer, 2013, S. 7). Dabei sind jedoch keine weiteren relevanten Treffer erzielt worden. Insgesamt ergab sich aus den Abfragen in ABI/Inform und EBSCO anhand des Codes sowie der ausgewählten Parameter für den Zeitraum, die Publikationstypen, die sprachliche Einschränkung und die Bedingung, dass der Volltext verfügbar sein muss eine Trefferanzahl von 671. Anhand des Lesens der Titel konnte die Anzahl an relevanter Literatur auf 71 Treffer reduziert werden. Nach Abzug aller Duplikate sowie des Lesens des Abstracts jedes verbleibenden Treffers blieben 11 finale Ergebnisse übrig. Die Beschränkungen auf in deutscher oder englischer Sprache veröffentlichter Literatur, den Zeithorizont und das Verfügbarsein eines Volltextes, wurden auch bei der Auswahl der Literatur in den ergänzenden Suchen und auch im Schneeballverfahren beibehalten. In Google Scholar wurden die Suchkombinationen: „allintitle: Logistik 4.0", „Logistik 4.0", „allintitle: industry 4.0, logistics", „industry 4.0, logistics", „logistics, cyber physical system" und „smart logistics" verwendet. Dabei ist zu beachten, dass bei den Suchabfragen die sich nicht ausschließlich auf den Titel beziehen („allintitle: …"), jeweils die ersten 150 Treffer, die als Volltext in deutscher oder englischer Sprache verfügbar waren auf ihre Relevanz überprüft wurden. Von diesen Treffern ergaben sich nach Lesen des Abstracts und abzüglich aller Duplikate weitere 17 relevante Ergebnisse, die mit in die Erstellung dieser Arbeit eingegangen sind. Im Katalog der Universitätsbibliothek Erlangen-Nürnberg wurden die Kombinationen: „industry 4.0 AND logistics", „Logistik 4.0", „logistics AND cyber physcial production systems", „logistics AND cyber physical production systems" und „smart logistics" verwendet. Die Suchkombinationen wurden dabei auf die Schlagwortsuche bezogen, um auch Literatur deren Titel keine der gewählten Kombinationen enthält nicht auszuschließen. Diese Suchabfragen lieferten weitere 11 relevante Ergebnisse, sodass die Grundlage dieser Arbeit auf nun 39 Artikel, Tagungsbänder und Buchkapitel angewachsen ist. Das im Anschluss daran durchgeführte Schneeballverfahren steuerte ebenfalls weitere 17

Treffer bei, sodass schlussendlich 56 Treffer als Grundlage für diese Arbeit dienen (s. Abb. 3-1).

Abbildung 3-1: Literaturauswahl

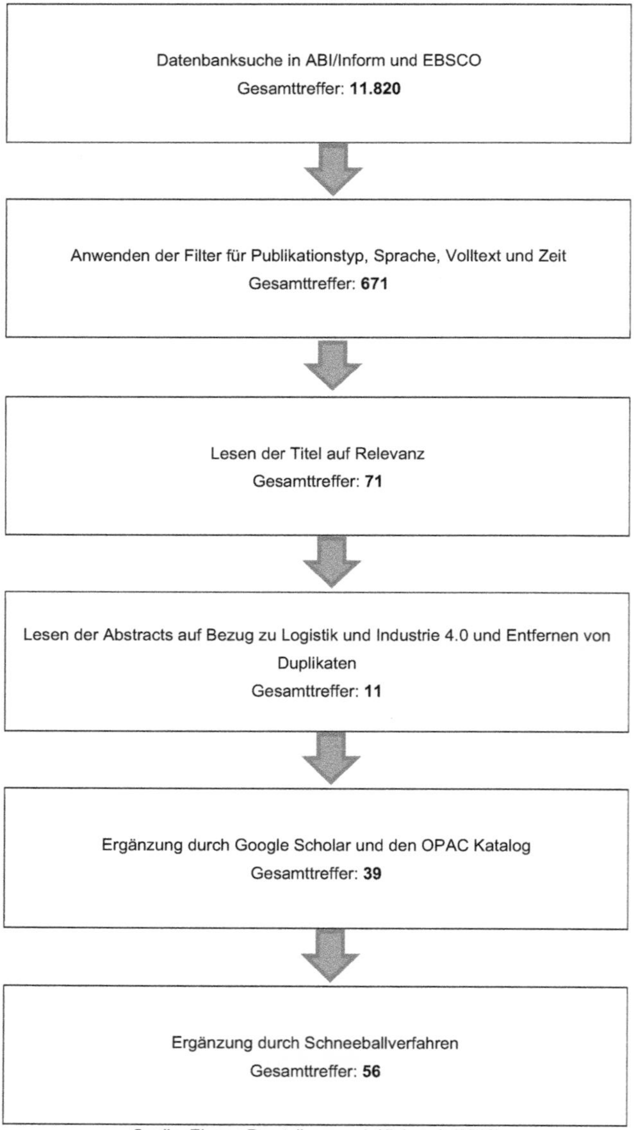

Datenbanksuche in ABI/Inform und EBSCO
Gesamttreffer: **11.820**

Anwenden der Filter für Publikationstyp, Sprache, Volltext und Zeit
Gesamttreffer: **671**

Lesen der Titel auf Relevanz
Gesamttreffer: **71**

Lesen der Abstracts auf Bezug zu Logistik und Industrie 4.0 und Entfernen von Duplikaten
Gesamttreffer: **11**

Ergänzung durch Google Scholar und den OPAC Katalog
Gesamttreffer: **39**

Ergänzung durch Schneeballverfahren
Gesamttreffer: **56**

Quelle: Eigene Darstellung nach Kiel et al. (2016)

3.5   Klassifizierung der Artikel

Im Anschluss daran wurden alle 56 Treffer genau untersucht und hinsichtlich der angesprochenen Themengebiete unterteilt. Auf erster Ebene wurde eine Unterteilung zwischen interner Logistik, unternehmensübergreifender Logistik und den Auswirkungen auf Mitarbeiter durchgeführt. Darauf aufbauend wurde der Bereich der internen Logistik in die Themengebiete Informationssysteme, Materiallagerung, Materialtransport und Prozessänderungen unterteilt. Die unternehmensübergreifende Logistik wurde in die Bereiche externer Transport und horizontale Integration untergliedert und bei den Auswirkungen auf die Mitarbeiter wird zwischen den Auswirkungen auf die Arbeitsbedingungen und den Auswirkungen auf den Arbeitsmarkt unterschieden (s. Abb. 3-2). Bei der Erstellung dieser Themenbereiche wurde darauf geachtet, dass sie möglichst trennscharf formuliert sind und somit eine eindeutige Zuordnung der angesprochenen Aspekte möglich ist.

Abbildung 3-2: Themenübersicht

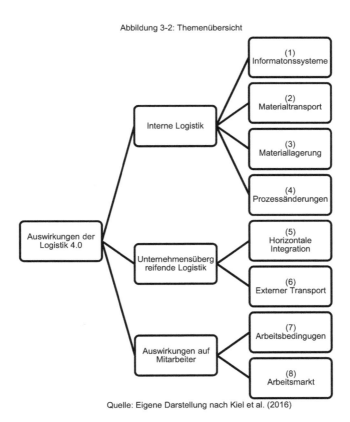

Quelle: Eigene Darstellung nach Kiel et al. (2016)

3.6 Auswertung der Klassifizierung

Im letzten Schritt wurden die klassifizierten Beiträge diskutiert und miteinander auf überein-
stimmende, aber auch gegensätzliche Ansätze überprüft und kritisch hinterfragt, ob die jeweils
genannten Implikationen auch gut begründet sind oder es zur Stützung der Ergebnisse noch
weiterer Forschung bedarf. Durch die Auswertung ist es nun auch möglich, die Forschungsfragen hinsichtlich der inhaltlichen Gliederung, der zeitlichen Entwicklung und des geographischen Profils, wie sie in Kapitel 1.2 formuliert wurden, zu diskutieren. Dabei wurde, wie in der
gesamten Arbeit, ausschließlich auf deskriptive Methoden zurückgegriffen.

4   Auswertung der Ergebnisse

Im Folgenden werden die zentralen Auswirkungen der Logistik 4.0, die in der ausgewählten Literatur behandelt werden, dargestellt. Die Gliederung erfolgt anhand der drei Über- und acht Unterthemen, die bei der Analyse festgestellt wurden.

4.1   Interne Logistik

4.1.1   Informationssysteme

Die Gestaltung der unternehmensinternen Informationssysteme ist beim Aufbau eines vernetzten Logistiksystems von großer Bedeutung. Eine in diesem Zusammenhang stehende Technik ist das Cloud Computing. So sehen Bauer et al. (2014, S. 21-22) die Vorteile der Benutzung einer Cloud vor allem darin, dass größere Datenmengen als bei herkömmlichen Serversystemen verarbeitet werden und auch Anwendungen zentral verwaltet werden können. Die Aufgaben der Cloud liegen vor allem in den Bereichen Planung, Organisation und Steuerung. Außerdem wird das klassische Supply Chain Management (SCM) durch cloudbasierte IT Services erweitert (ten Hompel, Kirsch et al., 2014, S. 206-208). Bei Stock und Seliger (2016, S. 537-541) laufen alle IuK-Technologien über die Cloud. Sie stellen außerdem die Bedeutung der vertikalen Integration in den Vordergrund, die eine intelligente Vernetzung aller Bereiche bis zur Entwicklung oder dem Marketing umfasst. Auch für Strandhagen et al. (2016, S. 242) liegt der Schlüssel für eine erfolgreiche Produktionslogistik im Sinne der Industrie 4.0 in der Benutzung von vertikal integrierten IT Systemen. So ermöglicht eine Vernetzung des Shopfloors mit dem unternehmensinternen ERP eine ganzheitliche Sicht über die eigene Produktion. Dieses ERP System kann in die Cloud übertragen werden, wodurch es zu einer Entkoppelung der normativen und operativen Ebene kommt (ten Hompel & Henke, 2014, S. 615-623; ten Hompel & Kerner, 2015, S. 176-180; Wehberg, 2016, S. 328-330). Die Cloud stellt Wehberg (2016, S. 328-330) zufolge eine übergeordnete Verwaltung dar, welche vor allem Ziele und Strategien enthält und über welche die Abwicklung von Aufträgen, Bestellungen und Finanzen läuft. Anwendungsspezifische Aufgaben werden jedoch von den einzelnen CPS erledigt. Insbesondere bei Aufgaben mit hohem Komplexitätsniveau wird der Anteil an autonom getroffenen Entscheidungen steigen. Dies deckt sich mit den Ergebnissen einer Simulation auf Basis vergangener Produktionsdaten von Scholz-Reiter et al. (2009, S. 397-398), bei welcher gezeigt wurde, dass für jedes Komplexitätslevel die logistische Zielerreichung durch einen höheren Autonomiegrad der CPS verbessert wurde, wobei dieser Effekt bei höherem Komplexitätsniveau noch einmal anstieg. Damit die CPS ihre Aufgaben auch autonom und effizient ausführen können, ist laut Scholz-Reiter et al. (2011, 295-298) das Design der Schnittstellen von großer Bedeutung, da die entstehenden Netze eine hohe Robustheit gegen Störungen aufweisen müssen und gleichzeitig wie Veigt et al. (2013, S. 16-18) betont, einen hohen Grad an Interoperabilität besitzen müssen. Auch Kirch et al. (2017, S. 526-533) sprechen dieses Problem an, da zum Beispiel für den Einsatz von RFID Technologien Standards nötig wären um eine Kompatibilität zu gewährleisten. Insbesondere die RFID Technologie kann zur Dezentralisierung der Datenhaltung durch den Einsatz des Data-on-Chip Prinzips beitragen (Günthner et al., 2010, S. 41-44). Dies ist notwendig, da eine zentrale Datenspeicherung und Verarbeitung mit intelligenten Algorithmen in Zukunft nicht mehr für eine optimale Steuerung ausreichen wird (Prestifilippo, 2017, S. 221-231). Diese fortschreitende Dezentralisierung wird unterstützt durch die nach dem Mooreschen Gesetz immer leistungsstärkere Hardware. So ist zu erwarten, dass die Leistungsfähigkeit digitaler Hardware exponentiell steigen wird (Broy, 2010, S. 19-22). Die notwendige Analyse der Daten kann laut Kirch et al. (2017, S. 526-533), Klötzner und Pflaum (2015, S. 14) und Witkowski (2017, S. 767-768) durch den Einsatz von Big Data Verfahren erfolgen. Bei Brzozowska (2016, S. 89-91) stellt diese Dateninterpretation die Grundlage für die Entwicklung neuer Management Methoden für das SCM und die Logistik dar. Außerdem geht sie davon aus, dass die dezentrale Materialflusssteuerung auf Grundlage eines Multiagentensystems ablaufen wird. Dies entspricht auch Günthner et al. (2014, S. 298-309), welche die Abschaffung der bisher existierenden hierarchischen Steuerungspyramide beschreiben. Diese wird durch ein Netz aus kooperierenden Entitäten ersetzt, die mittels M2M-Kommunikation die dezentrale Steuerung des Materialflusses übernehmen. Somit ist in Zukunft nicht mehr jeder Prozess deterministisch vorhersagbar, sondern kann besser durch stochastische Methoden erfasst werden (ten Hompel & Henke, 2014, S. 615-623). Die Auflösung aller Hierarchieebenen zu einem durchgängigem IT-System auf Agentenbasis findet sich auch bei Lieberoth-Leden et al. (2017, S. 453-465) und Prasse et al. (2014, S. 55-60) wieder. Bei letztgenannten wird ein Informationssystem vorgestellt, dass eine Cloud für alle Prozesse der normativen Ebene aufweist und ein Multiagentensystem für die in Echtzeit ablaufenden operativen Prozesse. Zusätzlich können die CPS auch von sich aus auf die Cloud zugreifen und vorgefertigte Prozesse herunterladen. Die Echtzeitanforderung, wie sie in diesem Modell erfüllt ist, stellt auch bei Libert und Roidl (2010, S. 45-48) eine zwingende Voraussetzung für die Entwicklung eines dezentralen Materialflusssystems dar, wie es auch zur skalierbaren Steuerung von verteilten CPS benutzt werden kann (Pantförder et al., 2017, S. 32-33). Ein Beispiel für eine technische Umsetzung eines solchen Multiagentensystems liefern Lewandowski et al. (2013, S. 2-5). Das von ihnen auf Basis des Java Agent Development Framework entwickelte System ist mit vielen Softwarestandards kompatibel und hat in einer Simulation unter hoher Komplexität eine funktionierende Kommunikation gezeigt. Auch die einfache Skalierbarkeit wurde gezeigt, da das System erweitert werden konnte ohne Änderungen an allen Softwareagenten durchzuführen. Trotzdem weisen diese Systeme auch noch Schwachpunkte auf, da die heute verwendeten Strukturen weder für eine so große Menge an Daten, noch für die nötigen Sicherheitsstandards ausgelegt sind (Brzozowska, 2016, S. 89-91). Auch die Frage des Datenschutzes und die hohen Kosten sind Kritikpunkte an den bisher existierenden Konzepten (Windelband, 2014, 151-152). Aufgrund dieser Kosten glauben auch Schuhmacher und Hummel (2016, S. 19-20), dass die Umstellung auf ein dezentrales System noch mindestens ein Jahrzehnt dauern wird.

4.1.2 Materialtransport

Auch der interne Materialtransport wird Änderungen durch die industrielle Vernetzung unterliegen. Zwar wird das Ziel weiterhin sein, die Materialien und Werkstücke zur richtigen Zeit an ihren Bestimmungsort zu bringen, die Art und Weise wie dies geschieht wird sich aber ändern. Große-Puppendahl et al. (2016, S. 3) unterscheiden grundsätzlich zwischen stetigen und unstetigen Fördertechniken. Erstgenannte werden durch fahrerlose, autonom handelnde Transportfahrzeuge (FTS) charakterisiert (Bousonville, 2017a, S. 37-39; Paprocki, 2017, S. 185-195; Stock & Seliger, 2016, S. 539). Es gibt jedoch unterschiedliche Meinungen über den Grad der Autonomie der FTS. So stellt Bousonville (2017a, S. 37-39) drei verschiedene Navigationskonzepte vor, die von einer liniengeführten, über eine rasterbasierte bis hin zu einer Navigation durch angebrachte Reflektormarken reichen. Jedoch benötigen all diese Navigationssysteme bauliche Änderungen an der Produktionsstätte und sind bezüglich ihrer Flexibilität und Autonomie eingeschränkt. Schuhmacher und Hummel (2016, S. 21-23) stellen daher ein Konzept der Hochschule Reutlingen vor, bei dem sich die autonomen Transportsysteme durch eine lasergestützte Navigation auch in einem sich ändernden Umfeld bewegen können. Dieser Grad an Autonomie wäre auch notwendig damit sich die FTS wie bei Paprocki (2017, S. 190) beschrieben, auch außerhalb der Fertigungshallen bewegen können. Insbesondere das sich kontinuierlich ändernde Umfeld ist ein Aspekt der in vielen Beiträgen wiederzufinden ist. Bei ten Hompel und Kerner (2015, S. 177-181) wird diese Herausforderung über eine Schwarmkoordination der FTS und den SLAM Ansatz (Simultaneous Localization and Mapping) gelöst. Dies bedeutet, dass die einzelnen Fahrzeuge voneinander lernen, indem sie selbstständig Informationen über neue Standorte und Stationen austauschen. Dies reduziert somit auch die Inbetriebnahmezeiten, da keine aufwendige Konfiguration mehr notwendig ist. Auch Große-Puppendahl et al. (2016, S. 3) und Günthner et al. (2014, S. 304) sprechen von vielen baugleichen, modularen Transportsystemen, welche keine Unterstützung beim Handling der Materialien benötigen und als Gesamtsystem flexibel und skalierbar sind. Eine Steuerung durch Schwarmintelligenz birgt jedoch auch Risiken, da es durchaus denkbar ist, dass es zu Instabilitäten oder auch Kettenreaktionen kommen kann (ten Hompel & Kerner, 2015, S. 177-181).

Die Flexibilität und Skalierbarkeit als Kernaspekte von unstetigen Fördersystemen stehen auch bei ten Hompel und Henke (2014, S. 615-618) und Straub et al. (2017, S. 47-49) im Fokus. Letztgenannte betonen neben dem Einsatz von autonomen Systemen für den Transport, sowie für Be- und Entladevorgänge auch die Möglichkeit des Einsatzes von Robotern für Standardaufgaben. Eine solche kann beispielsweise das Handling von Paletten sein (Prasse et al., 2014, S. 58-60; Rohde, 2016, S. 32). Auch Scholz-Reiter et al. (2011, 296-298) bringen dieses Beispiel, betonen jedoch, dass der Einsatz von Robotik in der Logistik aufgrund der hohen Heterogenität der Aufgaben schwierig ist und bereits solche Standardaufgaben mit sehr hohem Programmieraufwand verbunden sind. Aufgrund dieses hohen Aufwands, geht Bousonville (2017a, S. 39) davon aus, dass die meisten Transportaufgaben auch weiterhin von Menschen ausgeführt werden und auch Paprocki (2017, S. 193) spricht von einer, lange Zeit andauernden, Koexistenz von manuellen und automatisierten Vorgängen. Mögliche Gründe für eine lang andauernde Transformation sehen Tödter et al. (2015, 70-73) vor allem in der Angst vor zu hohen oder schwer kalkulierbaren Kosten und einem hohen Planungsaufwand. Sie definieren daher vier Eckpunkte, welche als Lösungsansatz dienen sollen: Erstens, eine erhebliche Steigerung des Autonomiegrades der Fahrzeuge zur eigenständigen Anpassung der Fahrzeugreaktionen an Umgebungsveränderungen. Zweitens, eine erhebliche Vereinfachung der Nutzung. Drittens, eine deutliche Senkung von Konfigurationsaufwand und Komplexität. Sowie viertens, eine spürbare Erhöhung der Eigenintelligenz der autonomen Transportsysteme. Sie betonen außerdem, dass die Fahrbewegungen dem menschlichen Verhalten nachempfunden werden müssen um die Akzeptanz zu steigern und gleichzeitig die Sicherheit zu gewährleisten. Der Sicherheitsaspekt bei der Verzahnung von menschlichen und auf CPS basierenden Akteuren wird auch von Lieberoth-Leden et al. (2017, S. 477-485) und Freitag et al. (2015, S. 20-22) aufgegriffen. Erstgenannte sehen in der Vernetzung von Flurförderfahrzeugen die Möglichkeit durch neue Fahrassistenzsysteme die Sicherheit zu erhöhen. Durch den Einsatz von Augmented Reality (AR) können Informationen, die das Handling einfacher machen, direkt in das Sichtfeld des Fahrers eingeblendet werden. Im Falle einer kontinuierlichen Erfassung von Positionsdaten, etwa mittels einer 3D-Kamera, kann die Leistungsfähigkeit weiter erhöht werden. Auch Freitag et al. (2015, S. 20-22) empfehlen eine Vernetzung von Menschen und Transportsystemen zur Erhöhung der Sicherheit. Als weiteres zentrales Thema gehen sie auf die Gestaltung von hochflexiblen Materialflussfördersystemen ein. Auch diese stetigen Fördersysteme sollen eine flexible und modulare Gestaltung bekommen, sodass eine volle Flexibilität bezüglich der Prozesse und auch des Layouts möglich ist. Der Aufbau dieser Systeme lässt sich allein durch ein Softwareupdate verändern, ohne dass ein mechanisches Eingreifen nötig ist. Dieses System aus dezentral gesteuerten Modulen wird auch von Große-Puppendahl et al. (2016, S. 3) aufgegriffen, wobei in einer Simulation festgestellt wird, dass die geforderte Skalierbarkeit noch Schwächen aufweist. Ein weiterer Nachteil sowohl von stetigen als auch unstetigen autonomen Transportsystemen liegt darin, dass sie bisher nur das Handling von genormten Behältern beherrschen und auch nicht in Reinräumen, wie sie beispielsweise in Teilen der elektrischen oder chemischen Industrie benötigt werden, eingesetzt werden können.

4.1.3 Materiallagerung

Ein Kernbereich der Intralogistik ist die Materiallagerung und auch diese wird durch die Transformation zur Logistik 4.0 Änderungen erfahren. So besteht die Möglichkeit auch Regale und Behälter mit Sensorik auszustatten. Witkowski (2017, S. 767) sieht in der Aufrüstung zu intelligenten Regalen die Grundlage für die Lagersysteme der Logistik 4.0. Die in den Lagerhäusern angebrachten Sensoren können beispielsweise Umgebungsdaten aufnehmen, und dadurch die Lagerbedingungen selbstständig überwachen und regulieren (Brzozowska, 2016, S. 95-96). Eine Aufrüstung zu einem Intelligenten Regal kann aber auch durch RFID Sensoren geschehen. Ein solches RFID basiertes Lager ist demnach weniger anfällig für Fehler und auch der zeitliche Aufwand für Qualitätskontrollen würde sinken. Die intelligenten Regale könnten durch die Kommunikation mit dem RFID Tag des Behälters oder dem Tag der Ware selbst feststellen, ob diese am richtigen Platz steht und wenn nicht dies anzeigen (Twist, 2005, S. 236-238). In einer Simulation eines flexiblen Lagersystems mit „free pick and drop" zeigen Zhou et al. (2017, S. 111), dass der Einsatz eines RFID Systems zu deutlich geringeren internen Transportzeiten und -kosten führen kann. Einen besonderen Vorteil dieses Systems sehen Trab et al. (2016, S. 55-64) bei der Anwendung dieses Prinzips für Gefahrgüter. So könnte das Regal selbst anhand der auf dem Behälter gespeicherten Informationen erkennen, ob diese Ware auf diesem Lagerplatz gelagert werden darf. Wenn dies der Fall ist, erfolgt eine automatische Buchung in das WMS System, wenn der Lagerplatz jedoch nicht für die Lagerung dieses Objektes ausgelegt ist, kann der Lagerplatz die Einlagerung ablehnen und dies per optischem oder akustischen Signal zeigen. Dieses System kann auch auf Mitarbeiter bezogen werden, welche je nach Umgebung bestimmte Schutzkleidung vorweisen müssen, um im Lager oder mit bestimmten Stoffen arbeiten zu können. Für Liu (2011, S. 74) besteht der zentrale Vorteil von intelligenten Regalen vor allem in der optimalen Auslastung der Lagerfläche und der schnelleren Prozesszeit. Neben dem Versehen von Regalen mit Sensorik liegt eine weitere Möglichkeit darin, sie zu eigenen Transporteinheiten zu entwickeln. Bei Günthner et al. (2014, S. 303-307) werden zum einen Regale beschrieben, die integrierte Roboter besitzen, welche Ein- und Auslagervorgänge übernehmen und zum anderen mobile Regale die sich ähnlich wie Kleinladungsträger selbstständig bewegen können. Die Möglichkeit automatisierter WMS Buchungen durch die Lagerobjekte selbst, wie bei Trab et al. (2016, S. 55-64) angesprochen wird auch bei Straub et al. (2017, S. 48) thematisiert. Hierfür ist jedoch eine eindeutige Identifizierung und Zuordnung entscheidend. Damit dies funktionieren kann, müssen auch die Behälter, Verpackungen oder Lademittel mit intelligenter Sensorik ausgestattet und somit zu Smart Objects werden, welche Umgebungseinflüsse erfassen und verarbeiten können (Siestrup & Zeeb, 2017, S. 61-62; ten Hompel, Kirsch et al., 2014, S. 205-206). Smarte Behälter, wie der bei Roidl et al. (2014, S. 6-10) und Prasse et al. (2014, S. 56-59) beschriebene inBin, kennen nicht nur ihren Inhalt, sondern auch ihre Position und arbeiten Energie neutral, wodurch keine Verkabelung benötigt wird und somit das Layout flexibel anpassbar bleibt. Da sie auch ihre nächsten Zielorte kennen, können sie sich mittels M2M-Kommunikation selbstständig ihren Weg bahnen. Roidl et al. (2014, S. 6-10) weisen jedoch in ihrer Simulation daraufhin, dass bessere Übertragungsalgorithmen notwendig sind, damit sich die inBins nicht gegenseitig stören. Auch Bousonville (2017a, S. 35-37) sieht zwar die Vorteile der smarten Behälter, jedoch geht auch er darauf ein, dass diese Technologie bisher noch keine großflächige industrielle Anwendung fand. Neben den schnelleren Prozesszeiten und der geringeren Anzahl an Fehlern im Lager lassen sich durch den Einsatz von Smarten Behältern auch Einsparungen erzielen, da weniger Behälter benötigt werden und auch die Protokollierung, Vollständigkeitskontrolle und Identifikation automatisch erfolgt (Lieberoth-Leden et al., 2017, S. 452-458; ten Hompel & Henke, 2014, S. 615-617). Ein weiteres Problem dieser Lagersysteme ist, dass bisher noch keine intelligenten Behälter für Prozessindustrien, wie beispielsweise die chemische Industrie, entwickelt worden sind (Große-Puppendahl et al., 2016, S. 4).

4.1.4 Prozessänderungen

Durch den Einzug neuer Technologien und neuer Möglichkeiten in der Gestaltung der Informationssysteme und des Layouts ergeben sich auch neue Möglichkeiten für verschiedene Logistikprozesse. Ein Beispiel hierfür ist das Kommissionieren, welches laut Günthner et al. (2014, S. 313-318) auch in Zukunft noch von Menschen durchgeführt wird. Um jedoch trotzdem die Fehleranfälligkeit zu reduzieren, werden dem Kommissionierer Hilfestellungen gegeben. So kann ein Handschuh mit integriertem RFID Reader automatisch abgleichen, ob in den richtigen Behälter gelangt wird. Eine Software gleicht dabei den Kommissionierauftrag mit den vom Handschuh übermittelten Daten ab und kann im Falle einer Abweichung ein optisches oder akustisches Signal geben. In Feldversuchen und bei Befragungen hat sich gezeigt, dass sich die Anzahl an Fehlern durch die Benutzung des Systems reduziert hat und auch die Benutzerfreundlichkeit wurde gelobt. Ein anderer Ansatz ist Pick-by-Vision. Dabei werden dem Kommissionierer über ein head-mounted-Display (HMD) Informationen in das Blickfeld eingeblendet. Diese Möglichkeit des Einsatzes von AR kann auch durch eine Kamera erweitert werden, durch welche eine automatische Überprüfung vorgenommen wird. Auch bei dieser Methode wurde eine geringere Fehleranzahl festgestellt. Die Pick-by-vision Methode wird auch bei Lieberoth-Leden et al. (2017, S. 477-478) und Richter et al. (2015, S. 261-263) beschrieben. Erstgenannte beschreiben jedoch die Anwendung im Zusammenhang mit einer Datenbrille. Außerdem gehen sie auf eine mögliche Unterstützung durch Pick-by-Voice ein, jedoch birgt das Tragen eines Headsets in der Produktionshalle ein Sicherheitsrisiko für den Mitarbeiter und auch die Motivation des Mitarbeiters leidet unter den monotonen Ansagen. Ein Ansatz der bei der Erhöhung der Mitarbeitermotivation beim Kommissionieren ansetzt, ist die Gamification. Günthner et al. (2014, S. 320) beschreiben die Möglichkeit eines Punktesystems, in welchem jeder Mitarbeiter einen Avatar besitzt, der aufgrund seiner realen Arbeitsleistung Punkte erhält, welche er im Spiel einsetzen kann. Neben der Auto-ID Funktion, die RFID beim Kommissionieren übernehmen kann, sieht Twist (2005, S. 236) auch die Möglichkeit der Navigation des Kommissioniers zum richtigen Produkt durch RFID Signale, wodurch die Prozesszeit deutlich verbessert wird. Dieser Vorgang kann jedoch auch umgekehrt durch den Einsatz mobiler Regale durchgeführt werden (Straub et al., 2017, S. 49). Nicht nur die operative Durchführung des Kommissionierens kann durch den Einbezug neuer Technologien geändert werden, Lieberoth-Leden et al. (2017, S. 466-471) zeigen in ihrer Arbeit die Möglichkeit der Benutzung von VR-Tools bei der Planung und Simulation von Logistikprozessen, wie beispielsweise dem Kommissionieren. Diese Tools haben den Vorteil, dass auch fachfremde Personen die Planungen besser verstehen können und gleichzeitig bereits in frühen Planungsphasen ein tieferes Verständnis für die Prozesse und Alternativen gegeben ist. Auch Richter et al. (2015, S. 276-280) empfehlen den Einsatz von 3D-VR Simulationen bei der Planung von dynamischen Prozessumgebungen, da es durch diese möglich ist gleichzeitig auf technische Gegebenheiten, die Umgebung und auch auf Prozesse einzugehen. Ein weiterer Prozess der durch die Transformation zur Logistik 4.0 neue Möglichkeiten bekommt, ist das Management von C-Teilen über ein Kanban System. Ten Hompel und Kirsch et al. (2014, S. 208) beschreiben dabei einen Smarten Behälter, welcher bei Unterschreiten eines Mindestbestands selbstständig eine Bestellung anstößt. Auch Freitag et al. (2015, S. 21-22) beziehen sich in ihrem Modell auf einen mit dem ERP System verbundenem Behälter, jedoch liegt ihr Kernaspekt in der dynamischen Steuerung der Milkruns, die den Behälter wieder auffüllen. Durch die vom Behälter gesammelten Daten ist es möglich, die Materialversorgung am historischen Verbrauch zu orientieren, was zu einer Reduktion an gefahrenen Zyklen und einer besseren Auslastung führt. Dies zeigt auch Bousonville (2017a, S. 40-41), welcher zum einen eine dynamische Steuerung der Milkruns und zum anderen ein RFID System für Kanbankarten beschreibt. Der Vorteil in einem RFID gestütztem Kanbansystem liegt vor allem in der Reduktion der Bestände und der höheren Prozesssicherheit.

4.2   Unternehmensübergreifende Logistik

4.2.1 Horizontale Integration

Neben der unternehmensinternen, vertikalen Integration ist auch die unternehmensübergreifende, horizontale Integration ein viel diskutiertes Thema. Die horizontale Integration bedeutet jedoch nicht nur einen Austausch der Informationen über Waren, sondern von Informationen über alle Prozesse des gesamten Produktlebenszyklus (Lieberoth-Leden et al., 2017, S. 453-454; Ranz, Schuhmacher & Hummel, 2015, S. 2273; Stock & Seliger, 2016, S. 537). Der Aspekt der Vernetzung über die gesamte Lebensdauer eines Produktes hinweg findet sich auch bei Butner (2010, S. 27-30) wieder. Sie beschreibt „interconnected" als eines der drei Kernmerkmale einer smarten Supply Chain. Dabei sollen sowohl Kunden als auch Lieferanten und ihre IT Systeme miteinander vernetzt werden. Dies ermöglicht eine noch höhere Flexibilität, da durch die direkte Vernetzung Zulieferer je nach Auftragslage kurzfristig zu- oder abbestellt werden können. Die Möglichkeit Lieferanten kurzfristig und je nach Auftragssituation auszuwählen wird auch von Shrouf et al. (2014, S. 699-700) als zentraler Vorteil gesehen. Sie sprechen in diesem Zusammenhang auch von Smart Suppliers, da diese in Echtzeit Informationen bekommen und auch teilen. Diese Integration aller Prozesse, sowie eine möglichst hohe Transparenz, haben zur Folge, dass Schuhmacher und Hummel (2016, S. 20) nicht mehr von einer Supply Chain sondern einem Supply Network reden. Die dafür nötige hohe Transparenz wird auch von Danila et al. (2016, S. 74-77) gefordert. Dies kann am besten durch den Austausch der Daten über eine webbasierte Lösung erfolgen, durch welche der Kunde den Produktionsfortschritt seines Lieferanten miteinsehen kann und so frühzeitig auf eventuelle Störungen reagieren kann. Dieser Einsatz einer webbasierten Lösung, wie sie durch eine Cloud erfolgen kann, wird auch bei Günthner et al. (2014, S. 308-309) und Qu et al. (2016, S. 14-18) beschrieben. Letztgenannte zeigen in einer Case Study die Möglichkeit der besseren Synchronisierung zwischen Produktion und Logistik durch den Einsatz der Cloud Lösung. Dies deckt sich mit den Ergebnissen von Bharadwaj et al. (2007, 449). Diese zeigen zum einen, dass ein integriertes Informationssystem einen positiven Zusammenhang mit einer besseren Produktionsleistung aufweist und zum anderen, dass IT Systeme die über Unternehmensgrenzen hinweg integriert sind zu einer besseren Koordination von Produktion und SCM führen. Zhang et al. (2012, S. 2357-2366) sehen die Transparenz und den Zugriff auf Informationen in Echtzeit als Grundlage für ein genaueres Management von Just-in-Time (JIT) Prozessen, wie sie in vielen Industrien verwendet werden. Diese Verbesserung in der Synchronisation von JIT Prozessen findet sich auch bei Paprocki (2017, S. 189) wieder, welcher den Grund hierfür im maschinellen Informationsaustausch sieht, da somit weniger menschliche Fehler möglich sind. Hofmann und Rüsch (2017, S. 27-33) beziehen die Verbesserung nicht nur auf JIT, sondern auch auf Just-in-Sequence (JIS) und auch auf eine Reduzierung des Bullwhip-Effektes. Die vorgestellten Expertenmeinungen äußerten jedoch auch ablehnende Haltungen bezüglich der hohen Kosten die eine Vernetzung aller Supply Chain Partner mit sich bringen würde, sowie bezüglich der Datensicherheit. Dies ist auch ein zentrales Thema bei Siestrup und Zeeb (2017, S. 61-62), da die Datensicherheit und auch die rechtlichen Rahmenbedingungen für Cloud Lösungen noch nicht eindeutig genug geregelt sind, insbesondere wenn die Cloud von einem Drittanbieter gehostet wird. Richter et al. (2015, S. 247-250) fordern daher ein Zertifizierungssystem für IT Prozesse um die rechtlichen Verbindlichkeiten beim Austausch dieser Daten zu regeln. Neben den rechtlichen Fragestellungen bestehen auch im technischen Bereich noch Herausforderungen. Kagermann et al. (2013, S. 20) gehen darauf ein, dass eine wirkliche end-to-end Integration aller Prozesse mit allen Supply Chain Partnern nur möglich ist, wenn neben der Sicherung des eigenen Know-hows auch internationale Standards bezüglich der IT Systeme vorherrschen. Diese Einigung auf verbindliche internationale Standards bei der Informationslogistik und den Erfassungstechnologien findet sich auch bei Richter et al. (2015, S. 247-250) und Siestrup und Zeeb (2017, S. 61-62). Im von Maslarić et al. (2016, S. 514-516) genannten Beispiel des Physical Internet wird von einer vollen Kooperation aller Partner und voller technischer Kompatibilität ausgegangen. Das Physical Internet stellt demnach eine universelle effiziente Logistik dar, dessen Benutzung jedem freisteht. Damit dieses System jedoch realisierbar wäre, muss zuerst eine kritische Masse an industriellen Nutzern erreicht werden, da die Einführung eines solchen Systems mit hohen Anschaffungskosten verbunden ist.

4.2.2 Externer Transport

Nachdem in Kapitel 4.1.2 bereits die Auswirkungen auf den internen Transport betrachtet wurden, folgt nun eine Übersicht bezüglich des externen Transportes. D´Souza und Williams (2017, S. 9) gehen davon aus, dass die Logistik 4.0 neue Liefermethoden durch den Einsatz von selbstfahrenden Fahrzeugen oder auch Drohnen haben wird, welche zu einer höheren Effektivität führen werden. Der Einsatz von autonomen Fahrzeugen außerhalb des Firmenstandortes findet sich auch bei Paprocki (2017, S. 189-190) und Brzozowska (2016, S. 96-97) wieder, wobei für Paprocki (2017, S. 189-190) dies vor allem auf langen Strecken und sehr gut ausgebauten Straßen denkbar ist. Er geht jedoch insbesondere bei der Ersatzteillogistik durch die Möglichkeiten des Additive Manufacturing von einem Rückgang der Fahrten aus. Mittels eines 3D-Druckers, der zwar vom Lieferanten gesteuert wird sich aber in der Produktionsstätte des Kunden befindet, können Ersatzteile direkt auf Nachfrage und ohne Transportprozesse produziert werden. Die Möglichkeit der Ersatzteillogistik mittels eines 3D Druckers wird auch bei Straub et al. (2017, S. 49) aufgegriffen. Eine weiterer Ansatz ist das Ausstatten von Transportfahrzeugen mit Sensorik, durch welche das Fahrzeug in Echtzeit verfolgt werden kann und gleichzeitig selbstständig den Zustand der Güter überwacht (Li & Li, 2017, S. 79). Durch die Verfolgbarkeit des Transportfahrzeugs ist es dem Kunden möglich, die Wareneingangsprozesse exakt mit der Ankunft des Transporters zu synchronisieren, wodurch es zu keinen Warte- oder Stillstandszeiten kommt (Liu, 2011, S. 74). Auch Brzozowska (2016, S. 96-97) beschreibt eine Vernetzung mit Kunden und Lieferanten. So ist es einerseits möglich, Echtzeitdaten über den Zustand der Ware zu bekommen und andererseits kann der Kunde durch die Echtzeitinformationen den Verkehr an seinem Wareneingangsgate besser steuern. Ein besonderes Beispiel für ein vernetztes Transportmittel findet sich bei Große-Puppendahl et al. (2016, S. 6). Darin wird ein Luftfrachtcontainer beschrieben, der sowohl Umgebungsdaten sammeln, über eine Echtzeitverfolgung lokalisierbar ist, als auch autonom Entscheidungen treffen kann. So kann dieser iCon eigenständig Frachtflüge buchen und mittels eines Displays und einer App mit dem Menschen kommunizieren.

4.3   Auswirkungen auf Mitarbeiter

4.3.1 Arbeitsbedingungen

Die Transformation der Logistik wird sich auch auf die Mitarbeiter des Unternehmens auswirken. So werden durch die Logistik 4.0 Fort- und Weiterbildungen für Mitarbeiter notwendig werden und sich auch die Arbeitsmodelle ändern (Seitz & Nyhuis, 2015, S. 92-97; Siestrup & Zeeb, 2017, S. 62; Tödter et al., 2015, 73-74). Tödter et al. (2015, 73-74) beschreiben außerdem, dass bisher getrennte Aufgabengebiete wie etwa die Wartung und Logistik zusammengelegt werden. Dies deckt sich mit Kagermann et al. (2013, S. 55), die ebenfalls von einer Konvergenz bisher getrennter Bereiche ausgehen, was sowohl die Aufgaben als auch die Art der Trainings und Schulungen ändern wird. Die Änderung der Arbeitsmodelle wird nach Ramsauer (2013, S. 10-11) notwendig, da der Bedarf an kurzfristiger Flexibilität mit den heutigen Modellen nicht vereinbar ist. Eine solche flexible Personaleinsatzplanung wird bei Straub et al. (2017, S. 50) durch den Einsatz von sozialen Netzwerken erreicht. Sie sprechen in diesem Zusammenhang auch von „Schicht-Doodle Systemen", durch welche die Mitarbeiter ihre Einsatzzeiten per App abstimmen können. Neben den Arbeitszeiten werden sich auch die Aufgaben ändern. So werden vor allem bei Planungen, der Strategieentwicklung aber auch bei Überwachungsaufgaben kreative Lösungen durch den Menschen benötigt werden (Ranz et al., 2015, S. 2274-2275). Eine andere Möglichkeit ist der Einsatz von Menschen als Lehrer für Roboter, die nach dem Prinzip des Programming by Demonstration angelernt werden (Scholz-Reiter et al., 2011, 296-297). Daher geht Windelband (2014, 152-156) davon aus, dass insbesondere auf alle Mitarbeiter der mittleren Qualifikationsstufe höhere Komplexitäts-, Abstraktions-, und Problemlösungsanforderungen zukommen werden. Straub et al. (2017, S. 50) betonen auch die Bedeutung von Teamarbeit für das Lösen dieser Aufgaben, sowie den Einsatz von technischen Hilfsmitteln aus dem Bereich der AR. Der Einsatz der Technologien als Hilfsmittel für den Menschen ist eines von zwei Szenarien die Dworschak und Zaiser (2014, S. 346-350) und Windelband (2014, 152-156) beschreiben. Im „Tool Szenario" werden Menschen weiterhin in den Prozess eingreifen und Entscheidungen fällen, die Technologie dient der Unterstützung. Im „Automation Szenario" werden die Entscheidungen und Prozesse automatisiert werden und der Mensch würde nur noch im Falle einer Störung oder eines Problems eingreifen. Dies würde dazu führen, dass die Freiräume der Mitarbeiter weiter sinken. Mit dem Ansatz des Automation Szenarios, in welchem die Mitarbeiter auf operativer Ebene nur noch maschinelle Anweisungen abarbeiten, beschäftigen sich Zhang et al. (2012) und Zhong et al. (2015). Durch RFID Tags an den Mitarbeiterausweisen können sich bei Zhang et al. (2012, S. 2360-2362) die Mitarbeiter an einer Maschine anmelden und bekommen ihre Arbeitsanweisungen von der Maschine angezeigt. Zhong et al. (2015, S. 269) stellen ein System zur Leistungsmessung der Mitarbeiter durch den Einsatz von Big Data Analyseverfahren und RFID Tags vor. Die sinkende Motivation durch weniger Freiräume wird auch von Günthner et al. (2014, S. 309-321) thematisiert. Sie schlagen in diesem Zusammenhang den Einsatz von Medien für ein motivierendes Arbeitsumfeld vor. Dies bedeutet, dass der Mensch auch auf operativer Ebene weiterhin vertreten ist. Hofmann und Rüsch (2017, S. 28-31) gehen beispielsweise von einer Koexistenz von Menschen und CPS aus, wobei die Entscheidungsgewalt bei den CPS liegt. Dies widerspricht den Ansichten von Prasse et al. (2014, S. 56) und ten Hompel und Henke (2014, S. 616), die davon ausgehen, dass auch in Zukunft der Mensch die Entscheidungen über ein Production Assistant Device (PAD) treffen wird. Durch dieses PAD interagiert der Mitarbeiter auf virtueller Ebene durch seinen Avatar mit den Agenten der CPS. Aufgrund dieser Interaktion sprechen ten Hompel und Kerner (2015, S. 180-181) auch von „Social Manufacturing and Logistics". Da sich die Mitarbeiter jedoch in diesem Szenario auch physisch den Arbeitsraum mit den CPS teilen, sind neue Sicherheitskonzepte notwendig (ten Hompel & Kerner, 2015, S. 180-181). Roboter können jedoch auch Aufgaben in gefährlichen oder ungünstigen Umgebungen für den Menschen erledigen und somit den Arbeitsplatz für den Menschen sicherer machen (Rohde, 2016, S. 36).

4.3.2 Arbeitsmarkt

Neben den Auswirkungen auf bereits eingestellte Mitarbeiter wird die Logistik 4.0 auch Änderungen am Profil der gesuchten Mitarbeiter zur Folge haben. Grundsätzlich gehen Dworschak und Zaiser (2014, S. 346) und Stock und Seliger (2016, S. 539) davon aus, dass durch die Automatisierung weniger Mitarbeiter benötigt werden, wobei die wegfallenden Arbeitsplätze vor allem geringqualifizierte Mitarbeiter betreffen werden. Durch die immer weiter ansteigende Höherqualifizierung und den demographischen Wandel, fehlen nach Hahn-Woernle (2010, S. 12) bereits jetzt Fachkräfte im Low-end Bereich. Er spricht daher, wie auch Rohde (2016, S. 34-36) und Tödter et al. (2015, 73-74), von einem Auffangen des Fachkräftemangels durch die Automatisierung. Gleichzeitig betont er, dass eine vollständige Automatisierung der Logistik nicht denkbar ist. Auch Ranz et al. (2015, S. 2275) betonen, dass der Mensch auch weiterhin aufgrund seiner Intelligenz, Kreativität und Empathie benötigt wird. Außerdem wäre es aus ökonomischen Gründen nicht rentabel jede Aufgabe, die technisch realisierbar wäre, zu automatisieren. Es wird also auch weiterhin Aufgaben für geringqualifizierte Mitarbeiter geben. Bei der Suche nach Mitarbeitern werden jedoch laut Dworschak und Zaiser (2014, S. 346), Siestrup und Zeeb (2017, S. 62) und Straub et al. (2017, S. 50-51) vor allem Menschen mit Wissen in den Bereichen IT, Elektronik und Mechanik gesucht. Auch Problemlösungsfähigkeiten, Organisationtalent und ein hohes Prozessverständnis werden wichtiger werden. Straub et al. (2017, S. 50-51) stellen in diesem Zusammenhang auch das ABEKO Kompetenzmodell vor, welches zukünftige Kompetenzanforderungen der Beschäftigten in der operativen Logistik antizipiert. Insbesondere das Verständnis für Prozesse ist nach Windelband (2014, 152-156) entscheidend, da neue Schnittstellenpositionen rund um die Verknüpfung der Geschäftsprozesse mit der IT entstehen werden. Er betont jedoch, dass die Zukunft des Facharbeiters in der Logistik 4.0 noch offen ist.

5   Diskussion der Ergebnisse

Im Folgenden werden die in Kapitel 1.2 gestellten Forschungsfragen auf Grundlage der vorgestellten Literatur diskutiert.

5.1   Themenbereiche

Diese Arbeit hat die Literatur in drei übergeordnete und acht Unterthemen kategorisiert. Die Interne Logistik als Themenkategorie weist mit vier Unterthemen die meisten in der Literatur behandelten Bereiche auf. Dies ist verständlich, wenn man wie Hahn-Woernle (2010, S. 12) die Datenverarbeitung und die Informationstechnologie als zentrale Grundlagen der Intralogistik auffasst, da die Transformation zur Logistik 4.0 mit der Einführung neuer IuK-Technologien einhergeht. Die Kategorien unternehmensübergreifende Logistik und Auswirkungen auf Mitarbeiter weisen jeweils zwei Bereiche auf, die in der betrachteten Literatur vorkommen.

Die folgende Auswertung wird für eine bessere Übersicht auf der Ebene der Unterthemen durchgeführt. So ist der Bereich Informationssysteme in 24 Beiträgen thematisiert worden und damit das meist diskutierte Thema. Die darin besprochenen Themen beziehen sich vor allem auf die Dezentralisierung und Flexibilisierung der Materialflusssteuerung und Datenverarbeitung sowie auf die vertikale Integration der eigenen Wertschöpfung. Auch die Möglichkeiten die Big Data Analyseverfahren mit sich bringen sollen und die Trennung von normativer und operativer Entscheidungsebene werden thematisiert. Da die vertikale und horizontale Integration oftmals als Kerneigenschaften der Transformation zur Logistik 4.0 bezeichnet werden, ist es nicht überraschend, dass die horizontale Integration mit 18 Treffern am zweithäufigsten angesprochen wurde. Vor allem die komplette Integration und Transparenz aller Prozesse und die daraus resultierenden verbesserten Möglichkeiten für JIS und JIT Lieferungen stehen im Mittelpunkt. Jedoch wird auch das Thema des Datenschutzes in vielen Beiträgen als Risiko angesprochen. Bei den Arbeitsbedingungen, welche ebenfalls 18-mal Thema in einem Beitrag waren, sind vor allem die daraus resultierenden Aufgabenänderungen für den Menschen im Vordergrund sowie die daraus resultierenden Themen bezüglich Schulungen oder der Arbeitsplatzsicherheit. Obwohl einige Autoren Änderungen in den Arbeitsmodellen prognostizieren, wird jedoch kaum auf eine mögliche praktische Umsetzung einer solchen Änderung eingegangen. Die neuen Möglichkeiten der Materiallagerung, die 16-mal thematisiert wurden, sind vor allem durch die Bereiche Smart Bins und die Kommunikation mit Regalen oder Ladungsträgern präsent. Der interne Materialtransport war 15-mal Thema eines Beitrags, vor allem der Einsatz autonomer FTS und modularer Fördersysteme stehen dabei im Mittelpunkt, wobei auch der Einsatz von Robotik in der Intralogistik ein diskutiertes Thema ist. Als letztes Unterkapitel der internen Logistik wurden die Prozessänderungen in den Bereichen RFID gestützter

Kanban, C-Teile Management, Einbezug von VR in die Logistikplanung und Änderungen beim Kommissionieren 8-mal in einen Beitrag aufgenommen. Ebenfalls 8 Treffer weist auch der Bereich Arbeitsmarkt auf. Vor allem die geänderten Qualifikationsprofile bezüglich technischem und prozessspezifischem Wissen und der Wegfall von Arbeitsplätzen im Bereich manueller Tätigkeiten sind hierfür ausschlaggebend. Themen des externen Transportes wie der Einsatz autonomer Fahrzeuge außerhalb des Firmengeländes oder die Möglichkeit der Echtzeitverfolgung der Lieferungen konnten 7-mal festgestellt werden. Hierbei fällt auf, dass 6 dieser 7 Beiträge in den Jahren 2016 und 2017 veröffentlicht wurden, was dafürspricht, dass durch die ersten autonomen Privatfahrzeuge im Straßenverkehr diese Thematik an Interesse gewinnt. Eine Übersicht über die einzelnen angesprochenen Themenbereiche liefert Tabelle 5-1.

Tabelle 5-1: Übersicht behandelter Themen

Autor(-en) (Jahr)	1	2	3	4	5	6	7	8
Bauer et al. (2014)	X							
Bharadwaj et al. (2007)					X			
Bousonville (2017)		X	X	X				
Broy (2010)	X							
Brzozowska (2016)	X		X		X			
Butner (2010)					X			
D'Souza und Williams (2017)					X			
Danila et al. (2016)					X			
Dworschak und Zaiser (2014)					X		X	X
Freitag et al. (2015)		X		X				
Große-Puppendahl et al. (2016)		X	X		X			
Günthner et al. (2010)	X							
Günthner et al. (2014)	X	X	X	X	X		X	
Hahn-Woernle (2010)								X
Hofmann und Rüsch (2017)					X		X	
Kagermann et al. (2013)					X		X	
Kirch et al. (2017)	X							
Klötzner und Pflaum (2015)	X							
Lewandowski et al. (2013)	X							
Li und Li (2017)						X		

Autor(-en) (Jahr)	1	2	3	4	5	6	7	8
Libert und Roidl (2010)	X							
Lieberoth-Leden et al. (2017)	X	X	X	X	X			
Liu (2011)			X			X		
Maslarić et al. (2016)					X			
Pantförder et al. (2017)	X							
Paprocki (2017)		X			x	X		
Prasse et al. (2014)	X	X	X				X	
Prestfilippo (2017)	X							
Qu et al. (2016)					X			
Ramsauer (2013)						X		
Ranz et al. (2015)					X		X	X
Richter et al. (2015)				X	X			
Rohde (2016)		X					X	X
Roidl et al. (2014)			X					
Scholz-Reiter et al. (2009)	X							
Scholz-Reiter et al. (2011)	X	X					X	
Schuhmacher und Hummel (2016)	X	X			X			
Seitz und Nyhuis (2015)							X	
Shrouf et al. (2014)					X			
Siestrup und Zeeb (2017)			X		X		X	X
Stock und Seliger (2016)	X	X			X			X
Strandhagen et al. (2016)	X							
Straub et al. (2017)		X	X	X		X	X	
ten Hompel und Henke (2014)	X	X	X				X	
ten Hompel und Kerner (2015)	X	X					X	
ten Hompel et al. (2014)	X		X	X				
Tödter et al. (2015)		X					X	X
Trab et al. (2016)			X					
Twist (2005)			X	X				
Veigt et al. (2013)	X							

Autor(-en) (Jahr)	1	2	3	4	5	6	7	8
Wehberg (2016)	X							
Windelband (2014)	X						X	X
Witkowski (2017)			X					
Zhang et al. (2012)					X		X	
Zhong et al. (2015)							X	
Zhou et al. (2017)			X					

Quelle: Eigene Darstellung nach Hohenstein et al. (2014)

5.2 Zeitablauf

Bei der Betrachtung der Veröffentlichungen im Zeitablauf zeigt sich, dass die Anzahl der Neuveröffentlichungen in den letzten Jahren steigt. Bis auf einen Rückschritt im Jahr 2015 lässt
sich daher seit 2012 ein starker Aufwärtstrend betrachten (s. Abb. 5-1). Gründe hierfür finden
sich im Jahr 2011, da in Deutschland das Zukunftsprojekt Industrie 4.0 als Teil des Aktionsplans zur Hightech-Strategie 2020 verabschiedet wurde und gleichzeitig auch in den USA
durch die Gründung der Advanced Manufacturing Partnership eine stärkere Fokussierung auf
die industrielle Produktion begann. Ein möglicher Grund für den leichten Rückschritt im Jahr
2015, beziehungsweise die Fluktuation und spätere Stagnation bis zum Jahr 2012, könnte in
der fehlenden praktischen Umsetzung der Logistik 4.0 Prinzipien liegen. Nach ten Hompel und
Kirsch et al. (2014, S. 206) reduziert sich die Innovationsgeschwindigkeit bei fehlender prakti-
scher Anwendung der neu entwickelten Technologien und Innovationen. So beschreibt beispielsweise Twist bereits im Jahr 2005 den Einsatz von RFID in der Lagerhaltung, jedoch ist
diese auch im Jahr 2017 keinesfalls Standard in der Industrie. Der erneute Anstieg des For-
schungsinteresses ab dem Jahr 2016 zeigt sich auch darin, dass die Industrie 4.0 als Thema
in die Agenda des World Economic Forum 2016 aufgenommen wurde (Paprocki, 2017, S. 186;
World Economic Forum, S. 1). Bezieht man die Auswertung ausschließlich auf Zeitschriftenartikel, lässt sich sogar feststellen, dass es seit dem Jahr 2008 keinen Rückgang der Neupub-
likationen gab.

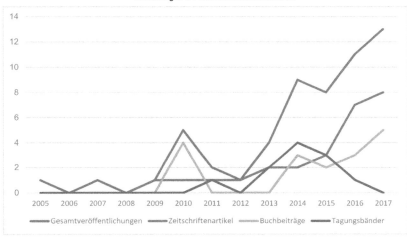

Abbildung 5-1: Publikationen im Zeitablauf

Quelle: Eigene Darstellung nach Kiel (2017)

5.3 Geographisches Profil

In der weiteren Analyse wurde die Herkunft der (Haupt-)Autoren untersucht. Bei Einbezug aller betrachteten Beiträge ließ sich feststellen, dass 37 der 56 Beiträge von deutschen Autoren stammen (s. Abb. 5-2). Dies lässt sich zwar auch auf die Verwendung des Schneeballverfahrens zurückführen, jedoch geht diese Arbeit davon aus, dass sich der Effekt dadurch zwar verstärkt hat, jedoch nicht hervorgerufen wurde. Dies zeigt sich auch daran, dass auch bei der ausschließlichen Betrachtung der Literaturbeiträge, die durch die deutsch- und englischsprachigen Suchanfragen gefunden wurden (n=39), der gleiche Effekt sichtbar ist (s. Abb. 5-3). Dies deckt sich auch mit Paprocki (2017, S. 186), welcher meint: „It seems that the most intensive discussions about the new solutions, which have been already implemented or are in process of development, are taking place in the German industry and academia". Insbesondere bei der Fokussierung auf Zeitschriftenartikel fällt auf, dass sich noch zwei weitere geographische Schwerpunkte feststellen lassen: China und die USA. Das besondere Interesse dieser drei Nationen an Innovationen in der Logistik kann natürlich zum einen durch ihre starken Volkswirtschaften begründet werden, so belegen die USA Platz eins, China Platz zwei und Deutschland Platz vier der größten Volkswirtschaften anhand des Bruttoinlandsproduktes (IMF, 2017, S. 1). Zum anderen belegen eben diese Länder auch die Plätze eins bis drei in Bezug auf den Export von intralogistischen und Fördertechnik-Systemen (Rohde, 2016, S. 28; VDMA & Statistisches Bundesamt, 2017, S. 1). Dies zeigt deutlich, dass die Logistik nicht nur als Wegbereiter für die produzierenden Industrien dieser Länder fungieren soll, sondern selbst einen wichtigen Wirtschaftsbereich darstellt.

Abbildung 5-2: Herkunft der Autoren aller Beiträge

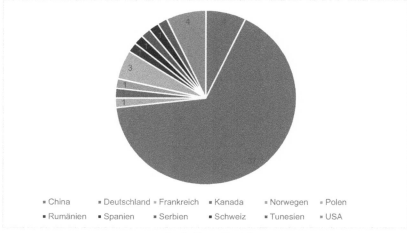

Quelle: Eigene Darstellung

Abbildung 5-3: Herkunft der Autoren ohne Schneeballverfahren

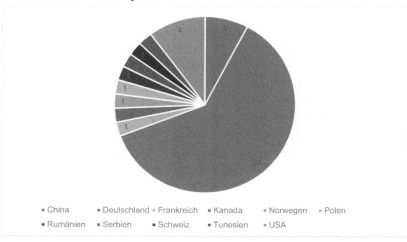

Quelle: Eigene Darstellung

6   Fazit

6.1   Zusammenfassung

Diese Arbeit hat sich das Ziel gesetzt, den aktuellen Forschungsstand der Literatur zum Thema Logistik 4.0 systematisch zu untersuchen und wiederzugeben. Hierfür wurden 56 Beiträge aus Fachzeitschriften, Tagungsberichten und Sammelwerken zu Rate gezogen. Eine Übersicht über die Verfahren zur Ermittlung der relevanten Literatur findet sich in Kapitel 3. Um dieses Ziel zu erreichen, wurde in Kapitel 1 die Bedeutung der Transformation zur Logistik 4.0 aufgezeigt, bevor in Kapitel 1.2 die zu klärenden Forschungsfragen präsentiert wurden. Im Anschluss daran wurden in Kapitel 2 die notwendigen Grundlagen in den Bereichen Industrie 4.0, Logistik und Logistik 4.0 vermittelt, sowie die Grundkonzepte der Technologien RFID, Cloud Computing und Multiagentensysteme erklärt. Dabei ist zu beachten, dass der Bereich Logistik 4.0 bewusst kurzgehalten ist, da die Merkmale und die praktischen Ansätze in Kapitel 4 detailliert anhand der systematisch untersuchten Literatur gezeigt werden. In Kapitel 3 wird die verwendete Methodik anhand des 6 Schritte Aufbaus, wie er auch bei Kiel (2017) und Hohenstein et al. (2014) vorliegt, vorgestellt. Dabei lag ein besonderes Augenmerk darauf, die Transparenz, Nachvollziehbarkeit und Reproduzierbarkeit der Arbeit sicherzustellen. In Kapitel 4 wurde dann die untersuchte Literatur präsentiert, welche vorher anhand von drei Über- und acht Unterthemen kategorisiert wurde. Die in Kapitel 1.2 aufgestellten Forschungsfragen wurden dann in Kapitel 5 diskutiert. Bezüglich des Inhalts ließ sich feststellen, dass vor allem intralogistische Themen im Mittelpunkt der betrachteten Literatur standen. Insbesondere die Gestaltung der Informationssysteme für die Logistik 4.0 war das dominierende Thema. Es wurde außerdem eine Übersicht erstellt, in welcher gezeigt wird, welche Literaturbeiträge sich mit welchen Themenbereichen auseinandersetzen. Bei der Betrachtung des zeitlichen Ablaufs fiel auf, dass insbesondere die Anzahl an Neuveröffentlichungen von Zeitschriftenartikeln, aber auch die Anzahl der Gesamtneupublikationen, seit dem Jahr 2012 deutlich steigt. Auffällig im geographischen Profil war eine deutliche Mehrheit von Beiträgen aus Deutschland, jedoch auch ein auffallend hoher Anteil aus China und den USA. Das besondere Interesse dieser drei Nationen an der Logistik 4.0 konnte anschließend anhand von Statistiken und einem Zitat gezeigt werden. Die Arbeit endet mit dieser Zusammenfassung, sowie einer in Kapitel 6.2 enthaltenen Beschreibung der Limitationen und dem weiteren Forschungsbedarf.

6.2   Limitationen und weiterer Forschungsbedarf

Hinsichtlich der Limitationen dieser Arbeit lässt sich feststellen, dass ausschließlich die Transformation produktionsnaher Prozesse zur Logistik 4.0 betrachtet wurde (s. Kapitel 1.2). Eine
weitere selbstgewählte Limitation liegt in der Auswahl der Datenbanken und der gewählten
Literatur, wie sie in Kapitel 3 beschrieben wurde. Insbesondere bei der Auswahl der Beiträge
und bei deren Einordnung in die jeweiligen Kategorien kann diese Arbeit keinen Absolutheits-
anspruch stellen. So wurde zwar auf eine trennscharfe Abgrenzung der Themenfelder Wert
gelegt (s. Kapitel 3.5), aufgrund inhaltlicher Dependenzen muss jedoch eine endgültige Auswahl und Zuordnung subjektiv erfolgen. Eine weitere Limitation dieser Arbeit liegt in der Menge
der verfügbaren Literatur, da die Anzahl an Publikationen bisher sehr gering ist. Es ließ sich
dabei vor allem ein Mangel an Beiträgen in renommierten Fachzeitschriften feststellen. Von
den 28 in dieser Arbeit enthaltenen Zeitschriftenartikeln sind lediglich 5 in Fachzeitschriften
erschienen die ein VHB Ranking vorweisen können. Und auch davon ist lediglich ein Artikel in
einer A+, sowie ein Artikel in einer B gerankten Zeitschrift publiziert worden. Dies zeigt gleichzeitig auch, dass in allen in dieser Arbeit untersuchten Bereichen noch weiterer Forschungsbedarf besteht. Auffällig ist dies insbesondere auch bei der Untersuchung der Auswirkungen
auf die Mitarbeiter. So zeigte sich, dass eine vergleichsweise hohe Anzahl an Beiträgen sich
mit der Änderung der Arbeitsbedingungen und den Arbeitszeitmodellen befasst, jedoch sind
kaum praktisch umsetzbare Ansätze vorgestellt worden. Es zeigte sich außerdem, dass für
eine flächendeckende Nutzung der vorgestellten Technologien, sowohl die IT-Sicherheit als
auch auf die physische Sicherheit beim Verschmelzen der Arbeitsplätze von Mensch und Maschinen noch Forschung bedarf.

LITERATURVERZEICHNIS

Arnold, D., Isermann, H., Kuhn, A., Tempelmeier, H. & Furmans, K. (Hrsg.). (2008). *Hand-buch Logistik* (VDI-Buch, 3., neu bearbeitete Auflage). Berlin: Springer. Verfügbar unter http://dx.doi.org/10.1007/978-3-540-72929-7

Bauer, W., Schlund, S., Marrenbach, D. & Ganschar, O. (2014). *Industrie 4.0 - Volkswirt-schaftliches Potenzial für Deutschland* (BITKOM & Frauenhofer-Institut für Arbeitswirt-schaft und Organisation IAO, Hrsg.) (8-9), Berlin.

Baun, C., Kunze, M., Nimis, J. & Tai, S. (2011). *Cloud Computing.* Berlin, Heidelberg: Sprin-ger Berlin Heidelberg.

Bharadwaj, S., Bharadwaj, A. & Bendoly, E. (2007). The Performance Effects of Comple-mentarities Between Information Systems, Marketing, Manufacturing, and Supply Chain Processes. *Information Systems Research, 18* (4), 437-435.

Bousonville, T. (2017a). Anwendungsfälle im Lager und in der internen Materialversorgung. In T. Bousonville (Hrsg.), *Logistik 4.0* (essentials, S. 35-41). Wiesbaden: Springer Fach-medien Wiesbaden.

Bousonville, T. (2017b). Konzeptionelle Grundlagen. In T. Bousonville (Hrsg.), *Logistik 4.0* (essentials, S. 3-14). Wiesbaden: Springer Fachmedien Wiesbaden.

Brand, L., Hülser, T., Grimm, V. & Zweck, A. (2009). Internet der Dinge. Perspektiven für die Logisitk. *Zukünftige Technologien Consulting, 80.*

Broy, M. (2010). Cyber-Physical Systems — Wissenschaftliche Herausforderungen Bei Der Entwicklung. In M. Broy (Hrsg.), *Cyber-Physical Systems* (S. 17-31). Berlin, Heidelberg: Springer Berlin Heidelberg.

Brzozowska, M. (2016). Industry 4.0 – Impact on Logistics Processes Management. In K. Ko-lasinska-Morawska (Hrsg.), *Agile Commerce. stechnologizowane zarzadzaniew erze in-formacji* (S. 87-99). Warschau: Społeczna Akademia Nauk.

Butner, K. (2010). The smarter supply chain of the future. *Strategy & Leadership, 38* (1), 22-31.

Cooper, H. M. (1989). *Integrating Research. A Guide for Literature Reviews* (2. Auflage). Newbury Park, London, Neu-Delhi: Sage Publications.

D´Souza, C. & Williams, D. (2017). The Digital Economy. *Bank of Canada Review.*

Danila, C., Stegaru, G., Stanescu, A. M. & Serbanescu, C. (2016). Web-service based architecture to support SCM context-awareness and interoperability. *Journal of Intelligent Manufacturing, 27* (1), 73-82.

David, R. J. & Han, S. K. (2004). A systematic assessment of the empirical support for transaction cost economics. *Strategic Management Journal, 25* (1), 39-58.

Dworschak, B. & Zaiser, H. (2014). Competences for Cyber-physical Systems in Manufacturing. First Findings and Scenarios. *Procedia CIRP, 25,* 345-350.

Fink, A. (2014). *Conducting research literature reviews. From the internet to paper* (4. ed.). Los Angeles: SAGE.

Freitag, M., Thamer, H., Lappe, D. & Uriarte, C. (2015). Perspektiven in der Intralogistik durch Industrie 4.0. In M. Schenk, H. Zadek, G. Müller, K. Richter & H. Seidel (Hrsg.), *Sichere und Nachhaltige Logistik* (S. 20-24).

Göpfert, I. (Hrsg.). (2016). *Logistik der Zukunft - Logistics for the Future* (7., aktualisierte und erweiterte Auflage). Wiesbaden: Springer Gabler. Verfügbar unter http://dx.doi.org/10.1007/978-3-658-12256-0

Große-Puppendahl, D., Lier, S., Roidl, M. & ten Hompel, M. (2016). Cyber-physische Logistikmodule als Schlüssel zu einer flexiblen und wandlungsfähigen Produktion in der Prozessindustrie. *Logistics Journal, 2016* (10).

Günthner, W., Klenk, E. & Tenerowicz-Wirth, P. (2014). Adaptive Logistiksysteme als Wegbereiter der Industrie 4.0. In T. Bauernhansl, M. ten Hompel & B. Vogel-Heuser (Hrsg.), *Industrie 4.0 in Produktion, Automatisierung und Logistik* (S. 297-323). Wiesbaden: Springer Fachmedien Wiesbaden.

Günthner, W. A., Chisu, R. & Kuzmany, F. (2010). Die Vision vom Internet der Dinge. In W. Günthner & M. ten Hompel (Hrsg.), *Internet der Dinge in der Intralogistik* (S. 43-46). Berlin, Heidelberg: Springer Berlin Heidelberg.

Hahn-Woernle, C. (2010). Neue Anforderungen für die Logistik des 21. Jahrhunderts. In W. Günthner & M. ten Hompel (Hrsg.), *Internet der Dinge in der Intralogistik* (S. 9-13). Berlin, Heidelberg: Springer Berlin Heidelberg.

Heiserich, O.-E., Helbig, K. & Ullmann, W. (2011). *Logistik. Eine praxisorientierte Einführung* (4., vollständig überarbeitete und erweiterte Auflage). Wiesbaden: Gabler Verlag / Springer Fachmedien Wiesbaden GmbH Wiesbaden. Verfügbar unter http://dx.doi.org/10.1007/978-3-8349-6451-9

Hirsch-Kreinsen, H. (2014). *Wandel von Produktionsarbeit. Industrie 4.0* (Hirsch-Kreinsen, H. & Weyer, J., Hrsg.) (Soziologische Arbeitspapier Nr. 38). Dortmund: Technische Universität Dortmund.

Hofmann, E. & Rüsch, M. (2017). Industry 4.0 and the current status as well as future prospects on logistics. *Computers in Industry, 89*, 23-34.

Hohenstein, N.-O., Feisel, E. & Hartmann, E. (2014). Human resource management issues in supply chain management research. *International Journal of Physical Distribution & Logistics Management, 44* (6), 434-463.

IMF (Statista, Hrsg.). (2017). *Größte Volkswirtschaften: Länder mit dem größten BIP im Jahr 2016 (in Milliarden US-Dollar).* Zugriff am 25.07.2017. Verfügbar unter https://de.statista.com/statistik/daten/studie/157841/umfrage/ranking-der-20-laender-mit-dem-groessten-bruttoinlandsprodukt/

Kagermann, H., Wahlster, W. & Helbig, J. (2013). *Recommendations for implementing the strategic initiative Industrie 4.0. Final report of the Industrie 4.0 Working Group* (acatech, Hrsg.), Frankfurt am Main. Zugriff am 06.07.2017.

Kiel, D. (2017). What do we know about "Industry 4.0" so far ? In International Association for Management of Technology (Hrsg.), *IAMOT 2017 Conference Proceedings* .

Kiel, D., Arnold, C., Collisi, M. & Voigt, K.-I. (2016). The Impact of the Industrial Internet of Things on Established Business Models. In L. Pretorius (Hrsg.), *Technology- Future thinking* (S. 673-695).

Kirch, M., Poenicke, O. & Richter, K. (2017). RFID in Logistics and Production. Applications, Research and Visions for Smart Logistics Zones. *Procedia Engineering, 178*, 526-533.

Klötzner, C. & Pflaum, A. (2015). Cyber-Physical Systems as the technical foundation for problem solutions in manufacturing, logistics and Supply Chain Management. In IEEE (Hrsg.), *Proceedings of the 5th International Conference on the Internet of Things (IOT)* (S. 12-19). Piscataway, NJ: IEEE.

Lewandowski, M., Werthmann, D., Gath, M. & Lawo, M. (2013). Agent-based Control for Material Handling Systems in In-House Logistics. Towards Cyber-Physcial Systems in In-House-Logistics. In Information Technology Society of VDE (Hrsg.), *Smart SysTech 2013. European Conference on Smart Objects, Systems and Technologies, June 11 - 12, 2013 in Erlangen/Nuremberg, Germany* (ITG-Fachbericht, 243, CD-ROM). Berlin: VDE-Verl.

Li, B. & Li, Y. (2017). Internet of Things Drives Supply Chain Innovation. A Research Framework. *International Journal of Organizational Innovation, 9* (3), 71-92.

Libert, S. & Roidl, M. (2010). Echtzeitanforderungen der Materialflusssteuerung. In W. Günthner & M. ten Hompel (Hrsg.), *Internet der Dinge in der Intralogistik* (S. 47-51). Berlin, Heidelberg: Springer Berlin Heidelberg.

Lieberoth-Leden, C., Röschinger, M., Lechner, J. & Günthner, W. (2017). Logistik 4.0. In G. Reinhart (Hrsg.), *Handbuch Industrie 4.0. Geschäftsmodelle, Prozesse, Technik* (S. 451-512). München: Carl Hanser Verlag GmbH & Co. KG.

Liu, Z. (2011). The Tobacco Industry Supply Chain Management System Based on Internet of Things Technology. *Contemporary Logistics, 4,* 72-75.

Maslarić, M., Nikoličić, S. & Mirčetić, D. (2016). Logistics Response to the Industry 4.0. The Physical Internet. *Open Engineering, 6* (1), 511-517.

Pantförder, D., Mayer, F., Diedrich, C., Göhner, P., Weyrich, M. & Vogel-Heuser, B. (2017). Agentenbasierte dynamische Rekonfiguration von vernetzten intelligenten Produktionsanlagen. In B. Vogel-Heuser, T. Bauernhansl & M. ten Hompel (Hrsg.), *Handbuch Industrie 4.0 Bd.2. Automatisierung* (Springer Reference Technik, 2. Aufl. 2017, S. 31-44). Berlin, Heidelberg: Springer Berlin Heidelberg.

Paprocki, W. (2017). How Transport and Logistics Operators Can Implement the Solutions of "Industry 4.0". In M. Suchanek (Hrsg.), *Sustainable Transport Development, Innovation and Technology* (Springer Proceedings in Business and Economics, S. 185-196). Cham: Springer International Publishing.

Prasse, C., Nettstraeter, A. & ten Hompel, M. (2014). How IoT will change the design and operation of logistics systems. In IEEE (Hrsg.), *2014 International Conference on the Internet of Things (IOT)* (S. 55-60). Piscataway, NJ: IEEE.

Prestifilippo, G. (2017). Auswirkungen von Industrie 4.0 auf Warehouse-, Transport- und Supply-Chain-Management-Systeme. In B. Vogel-Heuser, T. Bauernhansl & M. ten Hompel (Hrsg.), *Handbuch Industrie 4.0 Bd.3* (S. 219-231). Berlin, Heidelberg: Springer Berlin Heidelberg.

Qu, T., Lei, S. P., Wang, Z. Z., Nie, D. X., Chen, X. & Huang, G. Q. (2016). IoT-based real-time production logistics synchronization system under smart cloud manufacturing. *The International Journal of Advanced Manufacturing Technology, 84* (1-4), 147-164.

Ramsauer, C. (2013). Industrie 4.0. Die Produktion der Zukunft. *WINGbusiness* (3), 6-12.

Ranz, F., Schuhmacher, J. & Hummel, V. (2015). Competence Development for Collaborative Work Systems in Learning Factories. In Institute of Industrial and Systems Engineers (IISE) (Hrsg.), *IIE Annual Conference. Proceedings* (S. 2273-2282). Norcross.

Rashman, L., Withers, E. & Hartley, J. (2009). Organizational learning and knowledge in public service organizations. A systematic review of the literature. *International Journal of Management Reviews, 11* (4), 463-494.

Reinhart, G., Engelhardt, P., Geiger, F., Philipp, T. R., Wahlster, W., Zühlke, D. et al. (2013). Cyber-Physische Produktionssysteme. Produktivitäts- und Flexibilitätsteigerung durch die Vernetzung intelligenter Systeme in der Fabrik. *wt Werkstatttechnik online, 103* (2), 84-89.

Richter, K., Poenicke, O., Kirch, M. & Nykolaychuk, M. (2015). Logistiksysteme. In M. Schenk (Hrsg.), *Produktion und Logistik mit Zukunft* (S. 245-281). Berlin, Heidelberg: Springer Berlin Heidelberg.

Rohde, A.-K. (2016). Robotik in der Logistik. Einsatzpotenziale, Herausforderungen und Trends. In F. Molzow-Voit, M. Quandt, M. Freitag & G. Spöttl (Hrsg.), *Robotik in der Logistik* (S. 23-42). Wiesbaden: Springer Fachmedien Wiesbaden.

Roidl, M., Emmerich, J., Riesner, A., Masoudinejad, M., Kaulbars, D., Ide, C. et al. (2014). Performance availability evaluation of smart devices in materials handling systems. In IEEE (Hrsg.), *Proceedings of the IEEE/CIC International Conference on Communications in China. International Workshop on Internet of Things.* Piscataway, NJ: IEEE.

Scholz-Reiter, B., Görges, M. & Philipp, T. (2009). Autonomously controlled production systems. Influence of autonomous control level on logistic performance. *CIRP Annals - Manufacturing Technology, 58* (1), 395-398.

Scholz-Reiter, B., Rohde, M., Kunaschk, S. & Lütjen, M. (2011). Towards automation of low standardized logistic processes by use of cyber physical robotic systems (CPRS). In M. Demiralp, Z. Bojkovic & A. Repanovici (Hrsg.), *Proceedings of WSEAS International Conference on Mathematical and Computational Methods in Science and Engineering* (293-298). WSEAS Press.

Schuhmacher, J. & Hummel, V. (2016). Decentralized Control of Logistic Processes in Cyber-physical Production Systems at the Example of ESB Logistics Learning Factory. *Procedia CIRP, 54,* 19-24.

Seitz, K.-F. & Nyhuis, P. (2015). Cyber-Physical Production Systems Combined with Logistic Models – A Learning Factory Concept for an Improved Production Planning and Control. *Procedia CIRP, 32,* 92-97.

Sendler, U. (Hrsg.). (2013). *Industrie 4.0. Beherrschung der industriellen Komplexität mit SysLM* (Xpert.press). Berlin: Springer Vieweg. Verfügbar unter http://dx.doi.org/10.1007/978-3-642-36917-9

Shrouf, F., Ordieres, J. & Miragliotta, G. (2014). Smart factories in Industry 4.0. A review of the concept and of energy management approached in production based on the Internet of Things paradigm. In IEEE (Hrsg.), *2014 IEEE International Conference on Industrial Engineering and Engineering Management (IEEM). 9 - 12 Dec. 2014, [Petaling Jaya], Malaysia* (S. 697-701). Piscataway, NJ: IEEE.

Siestrup, G. & Zeeb, D. (2017). Reifegradbestimmung: der Weg zur Supply Chain 4.0. *Industrie 4.0 Management, 33* (3), 59-62.

Soni, G. & Kodali, R. (2011). A critical analysis of supply chain management content in empirical research. *Business Process Management Journal, 17* (2), 238-266.

Spath, D. (Hrsg.). (2013). *Produktionsarbeit der Zukunft - Industrie 4.0.* Stuttgart: Fraunhofer-Verlag.

Statistisches Bundesamt (Statista, Hrsg.). (2017). *Anteil der Wirtschaftssektoren an der Bruttowertschöpfung in Deutschland im Jahr 2016.*

Stock, T. & Seliger, G. (2016). Opportunities of Sustainable Manufacturing in Industry 4.0. *Procedia CIRP, 40,* 536-541.

Strandhagen, J. W., Alfnes, E., Strandhagen, J. O. & Swahn, N. (2016). Importance of Production Environments When Applying Industry 4.0 to Production Logistics. In Y. Wang, C. Parker, E. Trimble, M. Kamal, F. Qing, S. Li et al. (Hrsg.), *International Workshop on Advanced Manufacturing and Automation 2016* (S. 241-246). Paris, France: Atlantis Press.

Straub, N., Kaczmarek, S., Hegmanns, T. & Niehues, S. (2017). Logistik 4.0. Logistikprozesse im Wandel. Technologischer Wandel in Logistiksystemen und deren Einfluss auf die Arbeitswelt in der operativen Logistik. *Industrie Management, 33* (2), 47-51.

Ten Hompel, M. & Henke, M. (2014). Logistik 4.0. In T. Bauernhansl, M. ten Hompel & B. Vogel-Heuser (Hrsg.), *Industrie 4.0 in Produktion, Automatisierung und Logistik* (S. 615-624). Wiesbaden: Springer Fachmedien Wiesbaden.

Ten Hompel, M. & Kerner, S. (2015). Logistik 4.0. *Informatik Spektrum, 38* (3), 176-182.

Ten Hompel, M., Kirsch, C. & Kirks, T. (2014). Zukunftspfade der Logistik – Technologien, Prozesse und Visionen zur vierten industriellen Revolution. In G. Schuh & V. Stich (Hrsg.), *Enterprise -Integration* (S. 203-213). Berlin, Heidelberg: Springer Berlin Heidelberg.

Ten Hompel, M., Rehof, J. & Heistermann, F. (2014). *Logistik und IT als Innovationstreiber für den Wirtschaftsstandort Deutschland. Die neue Führungsrolle der Logistik in der Informationstechnologie* (Bundesvereinigung Logistik, Hrsg.). Bremen: Bundesvereinigung Logistik.

Tödter, J., Viereck, V., Krüger-Basjmeleh, T. & Wittmann, T. (2015). Steigerung des Autonomiegrades von autonomen Transportrobotern im Bereich der Intralogistik. technische Ent-
wicklungen und Implikationen für die Arbeitswelt 4.0. In A. Botthof & E. A. Hartmann
(Hrsg.), *Zukunft der Arbeit in Industrie 4.0* (69-75). Berlin, Heidelberg: Springer Berlin Heidelberg.

Trab, S., Bajic, E., Zouinkhi, A., Thomas, A., Abdelkrim, M. N., Chekir, H. et al. (2016). A
communicating object´s approach for smart logistics and safety issues in warehouses.
Concurrent Engineering, 25 (1), 53-67.

Trautmann, A. (2007). Multiagentensysteme im Internet der Dinge. Konzepte und Realisierung. In H.-J. Bullinger & M. ten Hompel (Hrsg.), *Internet der Dinge. Www.internet-der-
dinge.de* (VDI-Buch, S. 281-294). Berlin, Heidelberg: Springer-Verlag Berlin Heidelberg.

Twist, D. C. (2005). The impact of radio frequency identification on supply chain facilities.
Journal of Facilities Management, 3 (3), 226-239.

VDMA & Statistisches Bundesamt (Statista, Hrsg.). (2017). *Wichtigste Länder weltweit für
Fördertechnik- und Intralogistikexporte in den Jahren 2014 und 2015 (in Milliarden Euro).*
Zugriff am 25.07.2017. Verfügbar unter https://de.statista.com/statistik/daten/stu-
die/261075/umfrage/exporte-der-intralogistikbranche-von-ausgewaehlten-laendern/

Veigt, M., Lappe, D. & Hribernik, K. A. (2013). Entwicklung eines Cyber-Physischen Logistiksystems. In: Industrie Management. *Industrie Management, 29* (1), 15-16.

Wehberg, G. G. von (2016). Logistik 4.0 – die sechs Säulen der Logistik in der Zukunft. In I.
Göpfert (Hrsg.), *Logistik der Zukunft - Logistics for the Future* (7., aktualisierte und erweiterte Auflage, S. 319-344). Wiesbaden: Springer Gabler.

Windelband, L. (2014). Zukunft der Facharbeit im Zeitalter „Industrie 4.0". *Journal of Technical Education, 2* (2), 137-160.

Winter, M. & Knemeyer, M. A. (2013). Exploring the integration of sustainability and supply
chain management: Current state and opportunities for future inquiry. *International Journal
of Physical Distribution & Logistics Management, 43* (1), 18-38.

Witkowski, K. (2017). Internet of Things, Big Data, Industry 4.0. Innovative Solutions in Logistics and Supply Chains Management. *Procedia Engineering, 182,* 763-769.

World Economic Forum. *World Economic Forum Annual Meeting 2016. Meeting Overview,*
Davos. Zugriff am 25.07.2017. Verfügbar unter http://www3.wefo-
rum.org/docs/AM16/AM16_MeetingOverview.pdf

Zhang, Y., Jiang, P., Huang, G., Qu, T., Zhou, G. & Hong, J. (2012). RFID-enabled real-time manufacturing information tracking infrastructure for extended enterprises. *Journal of Intelligent Manufacturing, 23* (6), 2357-2366.

Zhong, R. Y., Huang, G. Q., Lan, S., Dai, Q. Y., Chen, X. & Zhang, T. (2015). A big data approach for logistics trajectory discovery from RFID-enabled production data. *International Journal of Production Economics, 165,* 260-272.

Zhou, W., Piramuthu, S., Chu, F. & Chu, C. (2017). RFID-enabled flexible warehousing. *Decision Support Systems, 98,* 99-112.